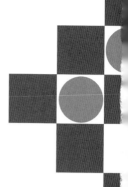

風流紳士録

籠師が見た昭和の粋人たち

もう一度読みたい

池田瓢阿 著

淡交社

復刊に際して

本書は、『目の眼』（里文出版）において昭和五十九年七月号（第九十二号）から同六十一年十一月号（第一二一号）まで二十八回にわたって連載された文章を編集し直し、昭和六十二年七月十三日付で淡交社より書籍として発刊した『風流紳士録』の復刻本です。

本書の著者である池田瓢阿氏とは、戦前より平成にかけて二代瓢阿として活躍した籠師であり、時の大数寄者・益田鈍翁より薫陶を受けた一人です。また、戦後には竹芸教室「竹樂会」を設立し、万人に籠づくりの楽しさを広めるとともに、多くの茶会や展示会などを通して風流人と呼ばれ、上品で優雅な趣きのある人々と交流を持ちました。その回顧録ともいえる本書を通して近代茶の湯の息吹の一端を感じとっていただければ幸いです。

なお、本文中に現在では一部不適切とされる表現がありますが、当時の世相を反映して出来るだけそのまま掲載しております。

風流紳士録　籠師が見た昭和の粋人たち　目次

近衛文麿公

文麿公の茶杓

浜町《はまちょう》を出た自動車は東京市内を西へむかってひた走る。二十四歳の私は山澄商店の店主、石野力蔵氏と同乗して、行く先は荻窪天沼《あまぬま》の近衛家別邸、荻外荘《てきがいそう》である。

山澄老人は近衛家についての予備知識を与えようとしてか、私に話し続けていた。藤原家の末裔《まつえい》にしてもっとも天皇家に近い五摂家随一の家柄であること、当代文麿公をもって二十九代、七百五十年余の歴史があること。そして、つい先日のことだといって、

「そら、君も知っているでしょう。王子製紙の藤原銀次郎さんのお宅で茶会があったことを。近衛公がお正客で私がお詰だった」

と話をはじめた。

床に大澄国師の墨蹟が掛かって、さすが近衛公は漢文の禅語をほとんど読み下されたが、それにつけて、

「この家には墨蹟をはじめ和歌、経切などの書蹟が五十幅もあるそうです」

と、次客にいた高橋是清さんが噂をされた。すると近衛公が、

「書蹟を見るのは何ものにもまして楽しいものです。私も政務の疲れをやすめるのに古文書を読むことにしています。陽明文庫のものを取り寄せてはみるのだが、近衛家の蔵は火災に遭ったので乏しくなってしまいました」

という話をされたので一同はびっくり。

「火事がありましたか、少しも存じませんでした。京都のほうですか。いったいいつのことですか」

と三客の小磯国昭さんがたずね、一同が近衛公を見つめていると、

「いや、最近ではないのです。応仁の乱の兵火を被って蔵を焼かれたので、多くの物を失ったということです」

とこたえられた。その悠然たる態度に連客はおどろくと同時に、なるほど近衛家は古いお家柄なのだといまさらのように気づいたものだった。

兵火に焼けたとはいえ、近衛家の家宝は乏しいどころか、国宝八点、重要美術品三十五点（現在は重要文化財六十点）といえばそれまでだが、国宝「大手鑑」のように

一点の中に名品を何点もふくんでいる名蹟の手鑑などもあり、書籍や記録、文書類はまだ調査もされず眠っているものもあり、藤原氏が代々、文事を好み、保存に尽してこられたことが偲ばれるわけである。

こんな話だった。

さて、この山澄・石野力蔵とはいかなる人物かというと、江戸時代から続いた古美術商で、当主は商人というより数寄者として知られ、社交界の一員としても高名であった。社会的地位の高い紳士貴顕と友だちの交際が出来たというのは、天下の名宝を扱うという権威ある仕事に携わっているゆえもあろうが、一方、一流会社の大株主に名をつらねているとか、文部省の相談役をしているとか、旧大名や富豪の財産、美術品管理の顧問に任じているとか、紳士に必要ないくつかの条件を具備しているからであった。また、当時は大臣でも持っていない自家用車、それもクライスラーの高級車を用いるなどの新しがり屋の一面を持つ人でもあった。

家業の古美術の面からいうと、旧大名家、富豪家の美術品売立入札にはかならず札元をつとめたが、山澄が茶道具商として権威を高めているのは代々の目利きに加えて、所蔵の名器が多いことで、たとえば山澄の自家蔵には、名物茶入が二十点ほど、名物茶碗が三十点ほども常時しまわれていると称されていた。

二十四歳の若輩の私がこの山澄老人にともなわれ、当時総理大臣であられた近衛文麿公に会えるというのは、竹芸という特殊な仕事をしていたばかりでなく、財界に重きをなす益田孝・鈍翁子飼いの職方であるという立場にあり、茶席の籠をつくる者は瓢阿より他にはないという評判も聞かれたからであろう。身分制度が厳然とあって、貴族の人とはなかなか会うことがむずかしかった当時の社会では、ごく異例のことであった。

昭和十三年の出来事だったと記憶している。

新宿を出はずれると欅の林が続く武蔵野風景の青梅街道へ入り、なおも西へと走り続ける。話もとぎれて珍しい田園風景に見とれていると車は狭い農道へ曲がった。そして幾曲がりかすると萱葺門の前で止まった。それが荻外荘の通用門で、さりげない構えの邸宅であった。

玉砂利の道を少し歩いて山荘らしい侘びた玄関へついた。書生が取りつぎに出て広間へとおされ、しばらく待たされた。

茶が出て飲み終わった時、廊下に足音がして、新聞の写真で知っている近衛公が座敷へ入ってこられて、床の間を背にしてすわられた。

ふつうは客を上座にして主人は下に控えるのが礼儀であるが、近衛公は何のためらいもなく上座へいかれて平然と挨拶をうけられた。それが何の不自然さもなくおこなわれるのが近衛家の格式というものだ、とのちに山澄老人が解説をつけてくれた。身分の相違というものであろう。それでいて公はけっして威圧を感じさせるような態度をされたわけではない。私は私なりに公の貴公子然とした風格に一種の威厳を感じて恐縮していた。

この日私が命じられたのは、近衛家伝来の籠花入の模写をつくる仕事で、近衛公はそれを何点か友人に贈りたいとのことで、本歌の図面取りと寸法取りをすることになった。近衛公と山澄さんは、何か最近にあった茶会の噂をしておられた。座に面した障子が引かれて桜の落花が散り込み、煎茶茶碗の中へ入ったとかで主客ともどもその風流をよろこんでいたのを覚えている。四月中旬の頃であったのだろう。

近衛公は庭にある金明竹の話をされた。

「金明竹という珍しい竹が庭にあるが、見たことがありますか」

とたずねられて、名前は知っていますがまだ見たことはありません、とこたえると、

「帰りがけに見ていきなさい、落語にもある金明竹ですよ」

といわれた。私も落語は子供の時から好きだったが、近衛公のような方がご存知とは少し意外な感じがしていると、

「大阪弁の小僧の出てくる咄でございましょう」

と山澄さんが相槌をうった。

「いや、小僧ではない。大阪弁の番頭と間抜けな小僧だ。〃お預りいたしました道具七品、祐乗、光乗、宗乗三作の三所物、刀身《なかみ》は備前の住人則光で、横谷宗眠四分一拵《こしらえ》の小柄《こつか》つきの脇差、柄前は鉄刀木《タガヤサン》や思うたら埋れ木やそうで、木ィが違うとりまっさかい〃この品物の中に黄檗山金明竹の自在、のんこの茶碗、利休の茶杓というなかなかよい道具があらわれてくる」

と落語のひとくさりを演じられたので、伺候の二人はびっくりしたというひと幕があった。

金明竹の話から竹花入、そして茶杓となり、陽明文庫に収蔵されている近衛予楽院公の茶杓簞笥に話がおよんだ。私にはそのような品が近衛家にあるというのは、この時が初耳だった。

近衛公は最近に京都御室《おむろ》に建てられた近衛家代々の宝蔵を収蔵する陽明文庫について、

山澄さんに説明しておられた。公は話の途中につと立って部屋を出ていかれると、しばらくしてひとつの小さな箱を持って戻られた。

「恐れ多いことだが後西院帝の茶杓を見せてあげよう」といって箱をほどきにかかられる。すると山澄さんが「ではちょっと手を清め、口をすすいでまいります」と私をうながして手洗いに立った。

部屋へ戻ると、白い帛紗《ふくさ》の上に筒と茶杓が並べられていた。

茶杓は二段撓めの宗和形で、ほとんど使用された形跡をとどめぬほど真新しいものであった。筒もまた人の手に触れた様子がないほど綺麗で真削りの刀痕がありくと見えた。銘はなく、〆印のみ墨痕鮮やかに印されていた。天皇の勅作と聞かされたこととあいまって、何やら有難気な茶杓であった。

「私のご先祖のつくられた茶杓にこの勅作によく似た茶杓がある。それを手本に私も一本削ってみたいのだが、そのような竹があるだろうか」

とおたずねがあった。

「拝見せねばわかりませんが、たぶんあると存じます」

とこたえると、では見本の茶杓を京都から取り寄せるから、それを見て竹を用意してほしいとの注文であった。

「その茶杓を削られた方、予楽院の書かれたものです」といって床の掛物を示された。何が書いてあったのか記憶していないが、大きな横物であったように覚えている。

一ヶ月ほどして私のもとへ陽明文庫所蔵の予楽院公の茶杓が届けられた。「二日間貸与する。明後日に取りにくる」というのが使いにきた執事の言葉であった。すぐに似合う竹を探しにかかった。写し物の材を選ぶには、色、樋の幅、節の姿、景色、太さなどの条件が揃わねばならぬ。何千本の竹の中から選ぶとしてもなか〳〵むずかしいものである。ようやく似合う竹を探しあて、三本分、筒を添えて使いの者にわたした。

よい竹をもらったという礼状が届いた。しかしその竹が近衛公の手によってどのような茶杓に生まれ変わったのか、そしてその茶杓の行く末は、心にかかりながらも知ることは出来なかった。

のちにもう一度茶杓の竹をたのまれたことがあって、「見本の茶杓を見せるから華族会館へくるように」と日時の指定があり、霞ヶ関三年町の華族会館（現在は霞会館、霞が関ビルの三十四階にある）をたずねていった。総体大理石造りの、豪華で品位のある建物の入口に守衛が立ってきびしい。受付に用件を告げると、しばらくお待ちをといって、電話で確認してから書類を差し出した。身分、姓名を書けという。「面会者」の下に「被面会者」という欄がある。「平民、池田英之助、雅号瓢阿」と書かされて、ようやく関所がとおれた。

中庭に面した窓のある応接間で、陽明文庫所蔵の金森宗和の作を拝見した。近衛さんの姿は見えず、執事か家令かと思ったが、私の仕事の内容を詳細にたずねられたので、あるいは水谷川さんであったのかもしれない。このようにして「平民被面会者」は、一度だけ、華族の城郭、華族会館を見学することが出来たのであった。

私が陽明文庫の茶杓簞笥をつぶさに見学調査したのは、それから二十年経った昭和三十年代に入ってからである。

昭和十三年の近衛公は内閣総理大臣として忙しくなり、日本を取りまく国際環境もむずかしくなっていった。風流にかかわっておられたのは、私がお目にかかった時分が最後だったのかもしれない。ほどなく中国の戦線も拡大し、太平洋戦争に突入して国は危《き》殆《たい》に瀕し、私も戦地へおもむくという時代になった。

近衛公がたいへん苦労をされた末に、敗戦とともに自刃されるという悲劇の終わりを遂げられたことは、一度でもその身近に参上して謦咳《けいがい》に接した者として、胸のふさがれる思いであった。

後日、弟君の水谷川忠麿さんに聞いた話によると、近衛公が落語を語られたとしてもおどろくには足らぬ、唄もうたえば茶も点てる、香も聞く。近衛家代々の人たちは、皆雅びの道を心得た風流入であるとのことであった。

草相撲の日々

近衛公の思い出をのべた機会に、公の青年時代の知られざる一面を伝えておきたい。この話は私が直接近衛公から聞いたものではなく、戦後に親しくなった造園家の飯田十基氏が修業時代の回想として語られたものである。

ゆえに近衛公の話に先立って、飯田十基氏と私との風流の交わりをのべておきたい。

今を去ること二十数年前（昭和三十一年頃）、飯田さんは数え年六十七歳で私の竹芸教室へ入門した。そして八十八歳で亡くなるまでの二十年間にわたって茶杓削りひとすじに励んだ人である。

入門したのは、飯田さんが二年間かかってシアトルのワシントン大学付属植物園の約二十八万坪の中にある日本庭園の設計施工という大仕事をすませて帰国し、ほっとひと息ついている時であった。飯田さんの友人の話によると、シアトル滞在のあいだに、真黒であった頭髪が純白に変わってしまったという。それほど工事に苦労をかさねたものらしい。

誰しも海外生活をしばらくすると日本文化の価値を再認識するというが、飯田さんも同じ心境になったのか、帰国後は懐石料理を食べ歩いたり、古寺を巡礼したりしていたが、茶杓削りをはじめたのもそのような動機の一端ということなのであろう。

飯田さんの入門の仕方は、未だに私が語り草にしているほどおおいに気にいったものであった。まず師匠（私）を料亭へ招待し、一献をさしあげるという礼を尽してからあらためて入門を願い出るという、いたって昔風で丁重な手続きをふんだのであった。

その料亭は渋谷の「初花」で、茶人として有名なこの家の内儀が盆の上に客の数だけ盃をのせて挨拶にあらわれ、「お気に召したのを」と茶懐石のような扱いに、道具好きの連中が大よろこびをした。というのも志野、黄瀬戸、唐津、古染、オランダなどがすべて一番手の名品だったことで、おおいに酒もすすんだ。この料亭の庭は飯田さんの設計になるとかで、私たちは庭へおりて拝見したのを覚えている。

飯田さんからは、「私のお茶はもう五十年になるので茶杓も若い時から削ってはいるのですが、どうも自己流では納得出来ずにおりました。今度は先生につけたのをよろこんでおります」という挨拶があった。

言葉どおりに熱心な生徒さんで、当時私が『ゆきま』に連載していた「茶杓への理解」という評論を、「読むだけでは頭に入らない」といって全部ノートへ書き写すという努力ぶりを発揮し、茶杓削りも珠光、紹鷗時代の模作から入って利休から現代にいたるまで、およそ二百本は削ったが、その見本は私の所蔵の本歌や模作によったものであった。

いつたずねても庭先から見える書斎で机にむかっている姿がある、という勉強家で、世評によると、植木屋さんは昔から、庭石に腰をおろして煙管《キセル》で煙草をふかしながら樹木の配置を眺めてばかりの時間が多い、浮世ばなれのした職業のように考えられていたものを、飯田さんは大正の末から設計図を作製し、見積書を提出してから工事にかかるという近代経営をはじめて成功させたという。それも努力と勉強のたまものであったと私は交際してみてわかるとともに、教訓ともさせてもらうことが出来た。

飯田十基氏は生来好学勤勉の人で、中学二年中退ののちに、植木屋として有名な師匠に入門して十年修業し、年季があけても未だ自分の技術は完璧でないと悟るところがあって、当時坪庭の名人と謳われた別の師匠をもとめて再び弟子入りし、十年間の勉学を積んだ。

それゆえ世に出るのが遅れて結婚もおそく、大器晩成といわれたが、晩年は青年時代の修業の蓄積が華を開いて、実り多い成功をおさめたのである。

さて、竹芸教室（夜の部）が終わるのは八時になって、それからは生徒さん二十人が連れ立って二次会に移ったものであった。

建築会社重役の西郷鉄雄さん、久保田万太郎夫人君さん、文春の江原通子さん、時には大河内風船子さんや水谷川忠麿さんなどもあらわれて楽しい集まりとなり、銀座の蕎麦屋「吉田」へ寄ったり、レストランで夜食をとったが、そのうちに烏森の料亭が会場と定まって、ついには毎月宴会みたいな二次会になり、芸者さんまであらわれるという盛大さに発展してしまった。

それから二十年のあいだに、竹芸を中心として還暦の祝いや叙勲の祝賀会、小唄や舞踊の会、花見や観楓の茶会、初釜、忘年会と、ことを構えては寄り集まる楽しいパーティーが出来あがったのである。

顔を合わせるひとときはかならず飯田さんの昔話が一席はじまった。

少年時代に師匠について山縣有朋公の邸宅（現・椿山荘）の造庭を手伝ったことや、高橋箒庵邸の庭の手入れをした話を聞いたが、「雀、もう下草がとれるようになったか」と箒庵先生に声をかけられたという思い出話には、スズメと渾名《あだな》されるほど小さくて、まるまると肥った可愛らしい小僧さん姿が偲ばれたことである。

こうして二十年間にわたって聞きためた話は詳細におよんだが、その中に、青年時代に近衛文麿公と触れあった物語がのべられていたのである。

明治の終わり頃のことであった。

飯田十基さんは十七、八歳。近衛文麿公も同じくらいの年頃であった。その頃、飯田さんは下落合にあった庭師の弟子として住み込んでいた。

飯田さんはのちに野戦重砲部隊に入隊したほどの体格に恵まれ、田舎で村相撲をとっていたという素人力士であったが、夏になると音羽の護国寺の境内で催される相撲大会へ毎晩出かけてゆくのを楽しみにしていた。

孟蘭盆会を中心に、十日間にわたって横綱、大関、三役などをきめるのだが、この二、三年、西の大関をとっている書生風の青年が、どうやら自分と同じ落合か目白方面から来るらしいとうすうすわかっていた。

折しも両国の大相撲は常陸山、梅ヶ谷が天下を二分する黄金時代で、相撲人気は一世を風靡している時代であった。

目白にはまだ山手線が開通せず、ちょうど駅のあたりを隔てて近衛家と尾州徳川家の大邸宅が建っていた。

ある日の黄昏どきに例の如く音羽めざして近衛家の前を通りかかると、通用門から人影があらわれた。見るとかの大関青年であった。「やあ」と双方で会釈しあった。

「今日も護国寺ですか」

「そう」

「じゃ一緒に行きましょう」

と肩をならべて歩きはじめた。

「あんた近衛さんとこの書生さんですか」

青年は黙ってうなずいた。

「学校へ行ってるんでしょ」

「ええ」

「どこですか」

「高等学校です」

「学校でも相撲をとるの」

「いや」

そんなやりとりがあった。

その日から二人は時間を打ちあわせて門の前で落ちあって音羽へ通い、帰路もともにするようになった。年頃が同じで、なんとなく気が合った。

ある日のこと、例の如く門の前で待っていた青年と連れ立って、今晩の取り組みについて話しながら歩きはじめた時、後方からばたばたと足音をたてて、「若様」「若様」と呼ぶ声がする。ふり返ると、紋付袴で髭《ひげ》をはやした老人であった。

青年が立ち止まってしばらく何か話しているので、飯田さんは先に歩き出したが「若様」というのはおかしいと気づいた。

青年が追いついて肩をならべた時に、

「あんた近衛さんの若様ですか」

とたずねてみた。

「うん、じつは近衛なんだけど、それは忘れてくれないか。相撲の連中にも黙っていてください」

「それは失礼しました。書生だなんていうから」

「いや、すまん、邸がうるさいから」

と頭を下げたが、当時の身分制度では、近衛家の御曹司が町相撲に出て、町方の者と取り組むなどはもっての他の軽率事とされていたからである。

そんなことがあってから若い二人はいっそう意気投合して、交際も深まっていった。誘いあっては銀座や浅草に行ったり、上野や人形町の寄席へいって落語や女義太夫を聞いたということである。なるほど私が後年、荻外荘で落語のひとくさりを聞かされて意外の感にうたれたが、近衛公にはそのような下地があったものだとわかったのである。

飯田さんの案内で、貴族の御曹司にははじめてという庶民生活と接触する機会を得られたのであった。

大鳥神社の縁日にいって吉原遊廓をひやかしたこともあった。

ある年の早春のこと、二人の青年は奈良大和の旅に出た。これは近衛さんが案内役であった。博物館前の日吉館に泊まって、早朝から足にまかせて奈良市内、山ノ辺の道、西の京、斑鳩などを歩き廻った。

近衛青年は歴史に詳しく、飯田さんを奈良、万葉時代に引き戻し、それらの遺跡を目のあたりに示して、つぶさに奈良の都の景観やその時代の流れを語って聞かせたのであった。

この旅で飯田さんがもっとも心牽かれたのは、石の仏と石造物であった。のちに彼が造園家として自立した時に、燈籠や蹲踞《つくばい》や、敷石や庭石にとくに意を用いて一家言を有する造園家と謳われた。石に対する執着と鑑賞眼の原点は、この時に芽ばえたものだったのである。

二人の交際は、青年たちが社会人として巣立つとともに疎遠になっていった。

近衛文麿は華族の筆頭として要路に就いて、日本の国を動かす遠い存在となり、飯田十基は造園家として研績を積んで、その道の第一人者にと育っていった。

水谷川忠麿さん

春日大社は藤原氏の守護神として、宮司には代々藤原氏ゆかりの人が任ぜられることになっていると聞いた。戦後は、近衛文麿公の末弟、水谷川忠麿氏がその役に就いておられた。

宮司をつとめる傍ら、水谷川さんが関西地方の文化の復興に尽された功績は大きかったと語り草になっている。

昭和三十年頃のことと記憶しているが、東京でも水谷川さんを招いて勉強する会をつくろうではないかという動きが起こり、水谷川さんと旧交のあった裏千家東京道場の多田侑史さんの肝入りで準備がはじめられた。

多田さんは関西在住の頃、春日大社に神事能を奉納したり、薪能《たきぎのう》の復活に尽力したり、また、たび〳〵奉納茶事も興行した数寄者である。麴町二番町の裏千家東京道場で顔合わせがあって、あまり堅い会ではなく、お茶を飲んだり酒を酌み交わす楽しい集まりにしようではないかという提案がまとまり、では「ぐいのみ会」と名づけよう、毎月会員はめいめいに、自慢の盃を持ち寄ろうという取り決めなどが出来あがった。

水谷川さんの都合で、会は二ヶ月に一度開かれることになった。

第一回は「立花《りっか》」を議題にして、八重柏正英さん（小田急重役で茶花研究家）が古文書によって挿花の変遷をたずねた。水谷川家は御門流立花の家元を伝承しておられたのである。第二回は私が『槐記《かいき》』（近衛予楽院公の風流韻事を伝えた侍医山科道安の日記）から部分を抜粋して、教えを請うた。

このように記すと、いかにも学究的な会の如くきこえるが、じつは風流にこと寄せた雑談会で、はじめの取り決めどおり、酒を飲みながら愉快に一夕を過ごすことが多かったのである。

会場は料亭をつかったり、個人の家をあてたりしたが、ある時は遠出をして、井の頭の水戸幸別荘に茶会の催しをたのんで、一同で参会したこともあった。

亭主は、別荘の留守番をつとめていた不白流の茶人土肥宏全氏だった。夏のこととて「夕ざり茶事」の扱いで、露地に行燈を立てつらね、下草に夜露が光っている景色がもの寂びて美しかった。亭主が迎付けて手燭の交換が型どおりおこなわれたが、水谷川さんが形正しく正客をつとめられたのには、さすがだと感心したものである。

中立ちの時、多田さんが、今様《いまよう》のひとくさりを謡われた。場所といい、人といい、甚だ風流なひとときが構成されたのであった。

茶会があったつぎの月に、サンケイ学園の私の竹芸教室を水谷川さんがたずねてくださったことがある。教室は、春日大社へ燈籠の研究に通った時以来旧知の飯田十基さんや建築家の西郷鉄雄さん、戦前から親しい久保田君さん、文春の江原通子さんなどがおられて、賑やかな教室であった。

水谷川さんは宗旦好みの虫籠花入をつくられたが、理解力の優れた人であることに、指導の私は一驚を喫したものである。

もとより多芸な人で、茶道、華道は申すにおよばず、茶杓削り、陶芸、書道、画技などに、人に秀でた才能をそなえておられた。また、茶道具類を意匠して職方につくらせることが好きで、その傍ら、近衛家歴代の好み物を再現することをもなされた。私もたのまれて「予楽院好み花屏風」を指物師に依頼したことがある。黒柿の枠に桐木地の地板をはめ込んで、朱塗の簡をあしらった瀟洒な意匠の花入で、堂上人の伝統を伝えたものであった。

ちょうどその頃、水谷川さんの芸術の全貌をうかがいうる展覧会が、八重洲のある画廊で「水谷川紫山展」と銘うって開催された。墨蹟、草仮名、絵画（日本画、洋画）、陶芸、竹芸などが展示され、玄人《くろうと》の水準を超す技能と広い芸域を示された。先生の芸術はけっして器用や物好きの産物の小手先の芸ではなかった。

十七、八歳の学生時代から、有島生馬について習いはじめた油絵（二科展に四回も入選した）を基礎にして、大学では美学、美術史を専攻し、日本画は津田青楓にまなび、書は近衛家伝来の名蹟を手本とし、美術雑誌の編集をしたことから多くの美術家たちと交わり、水谷川家当主として伝統の華道の家元をつとめるなど、心の髄にまで芸術が浸透していたのであった。

この展覧会のあったつぎの年に、「新橋の料亭で一席設けますので、是非ご出席いただけますまいか、じつは水谷川先生が主賓ということなんですが、あらためて一席設けねばならないことになりまして。いや、ぐいのみ会じゃないんです。まあおいでくだされればわかりますから」という変な招きをかけてきたのは、建築家の西郷鉄雄氏である。

床の間を背にして水谷川先生がすでにきておられた。多田侑史さんも招かれていた。西郷さんの建築会社の役員が二、三人はべっていた。

この宴会は「ぐいのみ会」が機縁になって、水谷川さんが西郷さんにビルの建築を依頼することになったので、ゆかりの人を招いて一献酌み交わしたい、という趣旨であった。ビルというのは「霞山会館」を九階建てにするという仕事であった。

水谷川さんは当時五十歳半ぼであったが、いかにも貴公子然として、悠々として盃を傾けておられる風貌はさすがに魅力ある客ぶりで、花街の女性たちの憧れの的になっていたのも、ゆえなきことではないと思われた。

昔から艶聞の多い人で、いつも華やかな噂が水谷川さんを取りまいていたらしい。と私は呑気に書いているが、年譜によると胃の手術をしたつぎの年で、しかも先生は、不治の病であることを知りながら屈せぬ諦観をかち得て、愉快な日常を過ごしておられた時だったのである。

さて虎ノ門の「霞山会館」というのは明治時代の近衛家の当主篤麿公がつくられた、中華民国ならびに大陸事情調査と国交の推進をはかる会の倶楽部として建てられたものであった。昔は石垣の塀に固まれたきびしい門があって、入ると幽邃な樹木の奥に重厚な和風の建物が蟠踞《ばんきょ》しているというような構えだった。

水谷川さんに茶杓の竹をたのまれてここへおたずねしたことがたび〳〵あったので、

「あの庭や建物をこわすのですか」と私は惜しんだが、今や時代が移って、となりの華族会館もなくなってやがて建つ三十六階の三井ビルの中へ入るという噂がある。霞山会の土地にもビルを建てて、その中に霞山会を存続させる計画がすでに出来あがっているというのであった。

その日私は〝春風そよ〳〵と吹くは内へと〟という小唄をうたったのを記憶しているから、春まだ浅い頃の出来事だったのであろう。

水谷川さんと親しくなってたび〳〵お目にかかる機会が持てるようになった時に、陽明文庫についての話をいろ〳〵と聞いた。戦争中に一時、文庫の名品の一部を小田原の入生田の別荘へ疎開してあった。ところが昭和二十年に小田原が艦砲射撃を被るにおよんで、再び京都へ移すことになった。すでに自動車は借りられず列車の数も少ない時であったが、水谷川さんを指揮者とした館員が、背に負って運搬するという苦労をかさねて、名宝を戦火から守った思い出話も出た。その時の館員の中には田山方南氏、斎藤弘山氏、名和嘉市郎氏らがおり、雇員には久保田君さんがただ一人の女性として交っていた。

昭和二十年には水谷川夫妻は、近衛家の御母堂を守って、京都御室の陽明文庫の山の上にある近衛秀麿さんの別荘へ疎開しておられた。別荘の主である秀麿さんは、ベルリンに残留して帰国出来ずにおられたのである。

陽明文庫の物語から私は、戦前以来宿題になっていた文庫の見学を願い出る機会を得ることが出来た。見たいものはたくさんあったが、第一に茶杓簞笥と唐物霊照女籠花入である。いずれも予楽院公遺愛の品で、江戸時代から数寄者のあいだに鳴り響いた名品で、『槐記』の愛読者としても竹芸家としても渇望のものであった。

先生が京都に在られる予定にあわせて上洛した。

春たけなわのあたたかい日で、ほころびはじめた桜を見る観光客で京の町は混雑していた。人にもまれて嵐山電車へ乗り継ぎ、ようやくにして御室の陽明文庫の門にいたると、待ちかねたように水谷川さんが姿を見せてくださった。

石造りの収蔵庫を左に見て、応接間となっている事務所でしばらく雑談を交わした。ここで洋菓子や紅茶を頂戴し、日本間へ席を移した。これは昭和十三年に建てられた数寄屋造りであるが、瀟洒な公卿の好みを加味した結構な建築であった。

待つ間ほどなく茶杓簞笥がはこばれてきた。高さ三十センチ位、倹飩《けんどん》箱に銀牡丹唐草の金具を打った箱の中に引出しが仕込んであり、仁、義、礼、智、信と見出し札が貼られている。

近衛家の茶杓類は、けっして他家では見られぬ天皇の勅作、宮家の御作をはじめとしている。それについで紹鷗、利休、織部、宗和、遠州、宗旦などにおよんで、予楽院公愛蔵の豊かさがうかがわれるものである。

昭和十三年に近衛文麿公にお会いして、この簞笥のことをうかがい、後西院帝の茶杓を一本見せていただいて以来、夢にまで見た品々で、勅作などはおよそ庶衆の作意を逸脱した天衣無縫、奔放随意の名作であった。

しかしとても一日にして拝見し終わるものではない。機会を得て材料を持参し、模写をつくらせていただくことを約束して、拝見を終わったのである。

つぎに唐物霊照女籠花入を見せてほしいと申し出た。この箇は『槐記』に山科道安が写生を添えている有名なもので、江戸時代にも多くの模作がなされている。だがこの日、私は唐物籠を見ることがかなわなかった。「いかにしても見つかりません。蔵帳に記載がありませんが、大正の売立てで出してしまったのでしょうか」と陽明文庫の人の報告である。ひとまずあきらめることにした。

『槐記』のこの籠に関する記述はじつに面白い。本来この花入は、近衛家出入の吉田某が予楽院公に献上したもので、たいへんによろこばれた公は籠を中心にして道具を組み、茶会を催された。

床に掛物であるべき初座に籠を出し、アザミばかり五輪を挿した。後座には籠につり合うものとして御家重代の「西行御裳裾川百首」の切を掛けた。茶入も茶碗も唐物に差し合うとして和物を取り合わせ、炭斗は籠に差し合うからと瓢《ふくべ》の内部を銀溜めにしてつかった。客は百拙和尚、右京大夫、山科道安の三人であった。

この客組みは籠を献上した吉田某を知る人を選んだということで、贈り主はどうやら公と同席がかなわぬ身分の人であったらしく、〝茶会を催してこのようによろこんで籠をつかった〟と伝えてくれよという心入れなのである。その予楽院公の茶心が奥ゆかしいとして有名になった籠花入であった。

見られずにあきらめて帰った唐物籠であったが、それから五、六年経った頃に、私は道具運よくもそれを入手したのである。はじめは江戸時代に出来た模作だと思った。水谷川先生に話すと、見たいといわれたので、茶会をしてお目にかけることにした。

『槐記』どおりに前席に籠を出し、アザミ五輪をいれた。席へ入って挨拶がすむと早速に、

「なるほど近衛家の籠によく似ているが、後刻花を抜いてよく見せてください」

といわれた。懐石のあいだもしげ〳〵と眺めておられた。薄茶の席になってから籠と外箱を持ち出した。細かく観察された先生は、

「これは槐記にある籠にまちがいないね、やはり大正の売立てで出してしまったのかな」

と残念そうであった。

「私は昔の写しかと思っておりました。値も写し物ほどなんです」

「じゃ掘り出しですね。売った人も知らなかったのでしょう」

「有難いことです。家の宝にします」

と挨拶した。

そんなことがあったのち、しばらくして先生が入院されたという報せを聞いた。築地の国立ガンセンターだった。四年前に胃を切られたのが再発したということであった。広い病院に一人でおられて、私がたずねたことをひどくよろこんでくださった。茶杓の材料を見舞いに持っていったのがことに嬉しかったらしく、「削れますか」と心配してたずねると、

「大丈夫、削れます」と元気にいわれて、鞄から千代鶴の小刀を取り出して見せられた。刀鍛冶千代鶴是秀を見出して世に出すことに力を貸されたのは先生で、その後援によって千代鶴の切出しは人に知られ、茶杓削りの宝刀として尊重されるようになったのである。

話がやきものづくりにおよぶと、茶碗のつくり方を詳細に教えてくださり、「土物《つちもの》はむずかしいが、これはわりあいにうまく出来ました」と信楽の抹茶碗をそばの棚からおろして、「記念にあげましょう」といわれた。先生の病気は再発だから、と心配していた私は、お元気な顔を見て大丈夫だという印象をうけ、安堵して病室を辞した。

だが、元気そうに見えたのは、先生の豪気なご性格によって表面に平常心を保っておられる、その快活さだったのであり、先生はすでにして己れの死期が迫っていることを知っておられたのである。いくばくも日を経ずして、水谷川忠麿氏は世を去られた。信楽の茶碗は形見となってしまったのである。

私たちとの交わりは記述したとおりにごく晩年の短い期間で、淡々として流水の如きものであったが、私たちがお目にかかる以前の先生には、近衛家の光芒を背に負って華やかに彩られた時代があり、密度の濃い日常が続いていたのである。

先生の人生は半ばにして敗戦という断層に出合い、一時は家柄の背光もかき消されたかに見えたが、春日大社の宮司に就任されてからは魚が水を得たように文化に貢献する活動がはじまり、少年時代から心をこめてまなんだ教養と天分が見事に花を開いて、政治に携わっていた時よりも人間的な光彩が放たれる時代を迎え、大きな足跡をのこされたのであった。

水谷川先生は近衛家の祖先である風流人予楽院を追慕せられたと聞くが、なるほど水谷川の姓を名のられるといえども、心の髄から近衛家の人であったと感じることがたびたびであった。

水谷川忠麿氏はあくまでも近衛家の御曹司であり、最後の貴公子であった。

貴公子の風流

木戸幸一さん

近衛内閣に文部・厚生大臣として入閣し、天皇と政府、軍部の接点に重要な人物として木戸幸一侯爵があった。近衛公の自決と前後して収監され、永い年月を巣鴨刑務所に幽閉されながら、極東裁判に戦争犯罪人として起訴され、被告として裁かれた人でもある。

この軍事裁判では天皇を犯罪人にすべしというアメリカの世論を背景とした検察側の動きがあった中で、木戸侯が戦前から戦中にわたって書き続けてきた「木戸日記」が証拠として採用され、内容の信憑性によって、天皇には戦争の意志がなかったことが証明され、有罪を免れることになった。「木戸日記」の存在が大きく報道されて、当時の国民の記憶には木戸氏の名とともに鮮明にのこっているほど裁判の焦点となったのである。

「木戸日記」にはつぶさに日常生活が記述してあって、私にとっても面識のある人が多く登場してくるので興味を持って精読したものだが、そのことはのちにのべるとしよう。

木戸幸一さんは明治の元勲木戸孝允の孫にあたる（父孝正は嗣子だが）。侯爵という名門で、戦前は華族会の世話役を任じ、貴族問の中心人物であった。私が木戸さんにお目にかかったのは昭和三十五年頃で、もはや戦犯の罪を免れて、自宅で悠々自適の生活を送っていられた頃である。木戸夫人鶴子さんの竹芸の先生として月に一度大磯のお宅へ出稽古にいくことになった、というのは鶴子さんの友人である塩原千代さん（三共製薬社長塩原又策夫人）の紹介によるものであった。一方塩原さんの長男のお嫁さんが伊藤博文のお孫さんという華族同士の縁故もあった。

大磯の西小磯にあった木戸邸は、広い芝生を南面の前庭として東西に幾部屋かをならべた建物で、静かな環境であった。生徒さんは鶴子夫人、令嬢井上和子さん（井上準之助氏子息・井上五郎夫人）、加藤富美子さん（加藤高明氏令息夫人）その他大磯の名流夫人四、五人であった。

私の稽古日である木曜日はご主人の木戸さんはゴルフ日で、留守であった。私が帰る前には戻ってこられて、「ビジターがたくさん来おってマナーのわるいことは不愉快だ」といつもぶつぶついっておられた。なるほど木戸さんほどの名門は珍しくなった現代のことゆえ仕方がなかろうと思った。

木曜日でも雨が降ると家にいて皆の仲間入りをしたり、お茶の時間にはいろ〳〵と話を聞かせてくださった。

「巣鴨にいた時にね、竹細工をしたことがある。本を読むのにも手習いにも飽きると皆が手細工などをはじめてね、セーターを編む者もいれば紹刺しをする者もいる。木彫りをする者もいる。ある時○○君が竹細工を持ち込んだのを倣って一緒にペーパーナイフ、楊枝、耳かきなどいろ〳〵とつくったもんだ。その時分に私が削った茶杓がある」といって、居間から一本の茶杓を持ち出された。白竹の細身の杓で、不器用な削りだが雅味があった。筒には「明暗」という銘が書きつけてあった。なるほど未決の囚人として当時の木戸さんの心がわかるような気がした。

それをいうと、

「なに、銘を書こうと筆を持って考えていると、どうも手元が暗い。あたりを見廻していると〝どうしました〟というので〝字を書くのに暗い〟〝こっちが明るいですよ〟窓の下が明るいので机を移動させた。そこで明暗という銘が浮んだ、それだけのことだが誰しも私の獄中の心境に結びつけたがる。そんなむずかしいものではないんだが」

と笑っておられた。

「茶といえば戦争の前に近衛さんの茶会へいったことがある。徽宗皇帝の桃鳩の絵を見せるから来いというので岡部と一緒にいった。山澄という道具屋が膳をはこんだり茶を点てたりして、〝ととや〟という朝鮮の茶碗で茶をのんだが、近衛さんがなか〳〵茶人らしい振舞をするので感心したもんだ。いつの間に習ったのか、養子にいった弟の水谷川君がだいぶ仕込んだらしいね」

というような話もされた。私も知己を得ている水谷川忠麿さんは奈良の春日大社の宮司だったが、戦前は政治家として近衛さんの側近にあったのである。

「つまらぬ明暗茶杓を見せたので、今度はほんものを見せてあげよう」といって、木戸さんは古い箱を持ち出した。

「これはね、もと近衛家に伝来されたもので、ある公卿の人が持っていたのだが、私がちょっと世話したことがあって、もらったものだ。常修院の宮様の御作だ」

なるほど約束どおりの宗和形のすっきりと美しい形をして、しかも手強いところがあり、筒は真削りの上作に一字の花押が雄渾であった。

私は華族の人たちに縁があったゆえか、戦前に荻窪の近衛別邸で御西院帝の茶杓を拝見して以来、木戸邸の常修院茶杓、その後京都御室の陽明文庫を訪れて近衛予楽院収集の茶杓簞笥を見る機会を得た。まことに幸運といわねばならない。

木戸さんは戦犯の罪も免れて静かに余生を送っておられた。浮世のことは何もかも忘れたふつうのおじいさんに戻られて、テレビを見てもニュースなどを見たがらず歌謡曲が好きだといって奥様が笑っておられた。それでも頭は冴えていたのか昔話の日時などはじつに正確で詳細であった。とき〴〵お孫さんの英語のレッスンを引き受けて会話の相手をしておられるのを見かけた。

岡部長景さん

木戸さんのところへきていた生徒さんに加藤さんという老夫人があった。大柄の美人で、いかにも名流夫人という風格の人であった。この人がある時古い田舎家の煤竹《すすだけ》が出たと知らせてくださった。加藤さんの義兄の家のとなりの農家が家を建て直したというのであった。その義兄というのが岡部長景さんで、東条内閣の時に文部大臣をつとめた人である。戦前から茶の湯が好きで、収集家としても名高く、戦後は文化活動を活発にされたことで私も名を知っていた。

浅春のある日の午後に、私は岡部さんをたずねた。小金井の桜並木のある川ぞいの閑静な新築の邸宅であった。

玄関へ入ると三和土《たたき》の一隅に、古代瓦や磚が埋め込まれて装飾をなしているのに注意を引かれた。それに見入っていると、出てきた岡部さんが、「このようなものに興味がありますか」といわれて、初対面の挨拶の前に話題に花が咲いた。古美術の愛好はすぐ人との垣根を取りはずしてくれるものである。

これが天平、これが奈良時代、これが法隆寺、これが興福寺、これが唐の磚と話が尽きず、私は古瓦を通じてたちまち心やすくなった。

岡部さんは背が高く瘦身で、なるほど大名の裔だな、高名な古美術愛好者らしいなと思われる風貌であった。この人の祖先は堺の岸和田の城主という古い家柄である。木戸氏とは華族会の仲間として大の仲良しで「木戸日記」によると毎日のように一緒にゴルフ場に出かける場面があらわれてくる。その頃、岡部さんは貴族院議員として活躍しておられたのであった。

岡部さんとは煤竹を通じて眠懇になり、以来たび〳〵お邪魔をした。というのはご所蔵の茶道具を見せていただくためである。たがいに年齢の差はあっても、同好の道とてよろこんでくださり、私どもは岡部老引退後の無聊を慰めることに役立っていたように思われる。ご所蔵の中でも利休の花入と茶杓は私の職掌柄でよく拝見した。竹花入は根に近い部分で擂座《るいざ》をのこした四節の竹を力強く削りあげ、裏にはケラ判の漆書があった。皮袋に入って、それがまた塗物の挽家にいれられていた。心から欲しいと思うほどよい花入であった。

茶杓は一本樋、蟻腰の典型的な利休形で筒にはケラ判が記されていた。堆朱《ついしゅ》の盆と嵯峨棗は、魅力あるほんものの道具で、これは後日に割愛してくださったものである。

その他には茶屋宗古の箱書付になる志野辻堂の香合を覚えている。

ちょうどその頃のことであるが、木戸夫妻からパーティーの招待があった。金婚式の記念に知己を招くという。パレスホテルの大広間で百五十人ほど、およそ日本の過去を代表する貴顕紳士と、現代を支配する要路の人たち（新聞でよく見る顔）が寄り集まっていた。つぎ〳〵と客が立ちあがって木戸さんの国家に尽した功績と労苦を称え、夫妻の晩年の平安を祈るスピーチを披露した。

会の半ばに佐藤栄作さんがあらわれた。同じ長州人であったがはるかに後輩である。「木戸先生の生涯の軌跡には私たち後輩のまなぶべき多くの教訓がふくまれていると拝察いたします。何卒後世のために貴重なご体験をお漏らしいただきたいと存じます」というようなスピーチをしたあとに「閣議がありますので失礼いたします」と挨拶をして退場した。総理になって間のない頃で「閣議」というのが嬉しいという抑揚が出ていた。

この日の佐藤さんの慫慂《しょうよう》によったものか、まもなく「木戸日記」が公刊上梓されるはこびになった。私もその時はじめて精読した。

戦争中の内大臣としての苦労がつぶさに記録されて、時代の動向と天皇周辺のもようがよくわかった。同時に日常生活の些事がことごとく伝えられているので、岡部長景さんとの私的な交際なども面白く、毎日のように誘いあっては砧や戸塚のゴルフ場へ出かけてゆくと、かならず木戸さんが勝って岡部さんが夕食をおごらされる。その様子が二人の性格そのもので、敏捷で鋭い木戸さんと、温厚でおっとりした岡部さんの対照の妙が如実にうかがえた。

それからしばらくして岡部さんから報せがあって、欲しがっている嵯峨裏をゆずってくださることになった。竹花入と茶杓は御影の香雪美術館へ移ったと聞いた。この美術館は、岡部さんの実弟村山長挙さんの義父村山龍平さん（朝日新聞創立者）のコレクションのために建設されたものである。

のちに聞いた話によると岡部さんは昔は、伊豆三津浜の別荘で盛んにお茶会を催し、富士山が真向かいに見える茶席を富士見席と呼んで、よく人を招かれたという。梅原龍三郎画伯もたび〳〵岡部別荘に滞在して、富士を描いたということである。同じ伊豆長岡の別荘仲間であった水戸幸、吉田吉之助氏から聞いた話である。

これら思い出の人たちは、その後十年ほどのあいだに皆世を去ってしまわれて、昔話もきけなくなってしまった。

伊東祐淳さん

震ヶ関ビルの三十四階に「震会館」という倶楽部がある。旧華族会館が形を変えて、これが戦後の華族倶楽部である。というのは高層ビルの建てられた地面が、明治以来、華族会館のあった所だった縁故から、土地の権利を保有していたものらしく、震会館は、震会理事長の細川護立氏の尽力で建設されたと聞いている。

思い出せば戦前には、当時、三年町と呼ばれたこの一角に、白亜の殿堂がそれらしい気品を放っていたものであったが、今昔の感無きにしもあらずの寂しい心持ちがする。

この「霞会館」に寄り集うて旧筆族の人たちは古きよき時代を託《かこ》っているのかも、あるいは自由な現代を謡歌しているのだろうか。華族ならぬ私は想像を逞しくするのみだったが、数年前の秋も深くなった頃に、この会館で「伊東祐淳喜寿の会」が催され、はじめて倶楽部に足をふみいれることになったのである。

伊東先生とは知遇を得てもう三十余年、最古美術愛玩の仲間として招かれたのである。

会場に入ってゆくと、もう来客の顔が揃っていて、あちらこちらで雑談を交わしているグループが見られた。

遅れて参会した私が挨拶に廻って見た顔ぶれは、細川護貞さん、大河内風船子さん、梅澤信二さん、小森松菴さん、黒田陶々庵さん、榎本重雄さん、村山武さんなど陶磁協会関係者を主として、その他は私の知らぬ顕であったが、いずれも旧華族の出らしい顔立ちと雰囲気の人たちであった。

いずれにしても、客は伊東先生の生涯を通じて、風流生活にかかわりのある人を中心にしての客組みらしく思われた。

開会と同時にこも〴〵立ってスピーチがおこなわれた。いずれも伊東先生がいかに古玩きちがいであったかという思い出話であった。細川護貞さんは、

「終戦後二、三年のこと、宮城前の壕端の道で伊東さんとばったりと出会った。〃よいところで会いました。ちょっと見てもらいたい物があるんです〃といって、伊東さんは手に持った風呂敷包みを道路脇にひろげて道具を見せはじめたが、二、三十点もある品物を見終わるのにだいぶ時間を要したので、道ゆく人はじろ〳〵見るし、立ち止まる人もあり、おおいに閉口しました」

と、伊東さんの古美術へのうち込みようとその人柄を話された。

おそらく戦後に、ワッと世間に流れ出した名宝のうちの何点かだったのであろう。伊

東さんの興奮状態がわかるように思われる。伊東祐淳さんと細川護貞さんとは京都帝大の同窓である。

思い出せば、私が伊東さんとはじめて会ったのは、井の頭の小森松菴邸であった。伊東さんのご所蔵の道具は小森邸でたび〳〵見せられたが、どれも皆綺麗さびの名品だったのを記憶している。

このお二人は赤星家の弥次さんを交えて、混乱期の道具屋廻りにうつつを抜かした仲間だった、という話を聞いたことがある。それだけに細川さんに続く小森松菴先生のスピーチは、とくに伊東さんの古美術執心の深さを語って感銘深いものであったと記憶している。

伊東さんは九州の大名の子孫である。学習院から京都帝大にすすんで、何を専攻されたかは聞きもらしたが、大学時代にのこされた愉快な逸話については聞きおよんでいる。これを発表しては伊東さんに叱られるかもしれないのだが、もう八十を越したお年のことゆゑ、むしろ滋味ある人間性のうかがわれる話として、お許しをいただくことにする。

京都に学籍を得た学生は倖せ者だ、と私はかねがね考えているが、それは現代の京都を見聞してのことで、その昔のよき時代の京洛は今に倍してすばらしいところであったという噂をよく聞かされる。山紫水明の環境は申すにおよばず、歴史的史跡の裡にあって、明治から大正に移った時代には大正デモクラシーの自由な気風が、とくに学園にはみなぎっていたということである。

吉井勇が「かにかくに祇園は恋し」と歌って陶酔した時代は少し前かもしれぬが、その祇園が伊東さんの遊び場所であった。

学生は〝書生さん〟と呼ばれて世人から愛されていた頃のことである。愉快に遊び呆けることを覚えたが、いかに華族の子息とはいえ、学生のつかえる金には限度があり、小遣いが足りなくなると、着るものは質にいれてしまう。ちょうどそんな状態にあったある夏のこと、親元から薩摩上布の着物を送ってきた。よろこんだ伊東青年は、早速身につけてみるとなか〳〵イカス。今夜はこれを着て祇園の娘たちをおどろかせよう。だがさて、絞りの兵子《へこ》帯は質屋の蔵だ。困ったはてに一計を案じ、着物を送ってきた小包の縄を帯にしてみた。白のひとえものに縄の帯を締めた姿を思い描いて、読者は何を連想されるだろうか。

このいでたちはその夜の酒席でおおいにもてはやされて、やんやの喝采を博した。というのは、ちょうどその時、四条大橋畔の南座で、歌舞伎狂言「墨田川《すみだかわ》続《ごにちの》俤《おもかげ》」が上演されており、主人公法界坊を演じるのは六代目尾上菊五郎で、大人気だったのである。といえばもうおわかりのとおり、伊東青年の姿が法界坊そっくりで、芸者や舞妓に大もてになり、それ以来「伊東さん」と呼ぶ者はなく、「法界坊さん」が氏の渾名となって祇園町に流布したということであった。

それにつけても、帯がないことに気づいた途端に奇知をはたらかせた伊東青年の洒落っ気は、趣向に巧みな粋人が双葉より芳しの演出だったのであろう。

卒業後は、実業界に入られた伊東さんも安閑と粋人をきめ込んでいる時代ではなくなり、戦争に突入した国策にそって軍隊に召集され、南方戦線を転戦したが、運よく生還して、戦後はまた実業界に戻られたのである。

折しも旧財閥の解体、財産税徴収などで筍生活を強いられた旧家、資産家が、所蔵品を金に換えたために、門外不出の名宝が巷に氾濫する古美術戦国時代を現出した。ために前述のとおり、夜を日についでの道具屋廻りが極まり、ついには古玩地獄にふみ込んで、陶磁協会の理事にまで名を連ねる病は膏肓《こうこう》に達して今日にいたった、というように聞きおよんでいる。

伊東先生の鑑識眼は陶磁器にとどまらず、金石、書画、考古美術におよび、美しきものは見逃さずの貪婪《どんらん》さが感じられる。

昭和六十一年十二月から翌年一月にかけて「古玩の世界」というテーマで収集品を松濤美術館に展示して、骨董界にセンセーションをまき起こしたのは、その審美眼に対する共感が寄せられた結果である。

細川護貞さん

近衛文麿公と同じ学習院から京都帝大にまなんだ人に細川護貞氏がおられる。細川さんに関しては粋な話を聞くほどの仲ではなく、面白いことが書けないのは残念であるが、古美術愛好には御家代々の伝統としての権威があり、氏も陶磁協会の理事を任じておられる。

学問を重んじる細川藩の子息として、おそらく父護立氏のきびしい薫陶のもとで成長されたのであろう、まことに折目正しい紳士である。戦前は要路で政治に携わっておられたが、終戦とともに公職を退いたと聞いている。

余談だが、最近にいたって私は生まれてはじめて刀剣の勉強をはじめる必要があって、当然のことと て細川家と刀剣のかかわりを知ることになった。

細川幽斎、三斎の昔から細川家の刀剣の収集はおびただしいもので、その鑑定眼は当時の武将の群を抜いていた。とくに三斎公は、刀鍛冶の名人関の大道や千力包永を召し抱えて、この人たちを向鎚としてご自身が鍛刀もされたということであり、拵えについては金工の名人平田彦三を取り立てて、これに師事してみずから製作した名品をのこされたのも、刀剣界周知のことであると知った。拵えにも「肥後拵え」と称する形式をつくられたほどである。

茶の世界に育った私の知る幽斎、三斎公は、和歌と茶道の面をのみ承知して、武家としての一面を知らなかったので、甚だおどろいたものであった。

文武に秀でた細川家の気風は、父君護立氏から護貞氏にうけ継がれているようにお見受けする。現在、熊本県知事をつとめておられる護熙氏の硬骨ぶりも有名である。

細川護貞氏が私の竹芸教室に入門されたのは、昭和四十年代のことであった。はじめは汾陽《かわみなみ》正子さんを中心とする教室へ、表千家家元のご子息（十四代而妙斎家元）などとともに参会されていたが、細川さんは引き続き私が主催する教室へ移られて、十年におよんだ。成績のよいお弟子さんで、さすがだと感心したことがたび〳〵であった。

この霞山会館での教室ではお茶の当番があって、三時には菓子と抹茶を供するが、所在地が虎ノ門のことゆえ、名物岡埜の豆大福がよく出た。ある時、ふと細川さんの顔を見ると、殿様が大福を頬張っておられる。こんな図は現代でなければ見られぬものだ、と変なところで感心した記憶がある。

江戸時代といわずとも、戦前までは細川様といえば庶民には遠いお人だったのである。

父君護立氏は〝老松町の殿様〟と呼ばれて尊敬されていたと、旧町内に住んでいた人に聞いたことがある。

細川さんが入門されて二年目のことであったが、日本橋の壺中居の三階の画廊で、書蹟と陶器の展覧会を催された。素人の陶芸作家は多いが、細川さんの作品は遠く余技の域を脱していた。おそらくは高い美術的教養が形を成して具現された成果だったのであろう。意匠も技術も本格の境地に達していたのである。籠花入を二点出品されたことも私にはおおいに嬉しかった。

籠の稽古の時には、雑談をしていても陶器をやっている話など少しもせず、突然このような立派な展覧会を開く細川氏に、私は何やら底知れぬ不気味さを感じたものであった。それが華族の持つ寡黙の気品というものかもしれぬ。

細川さんには、嵯峨棗研究の時に大覚寺に紹介していただいたり、利休茶杓調査の時に尾張の徳川義宣さんを引き合わせていただいて、徳川美術館所蔵の利休遺作「泪の茶杓」を拝見するなどの恩恵を被った。

大河内風船子さん

伊東祐淳氏の会の来客のひとり、大河内風船子さんも大名の子孫である。

私とは三十年を越す知合いで、初対面は小森松菴邸であった。その後に一緒にドライブをして、鎌倉・山崎の旧魯山人邸へ河村熹太郎氏の窯をたずねたことがあったが、その時には新宿・淀橋のお家へ迎えにいった。その地が今は高層ビル街にされてしまったのを思うと、ずいぶん昔のような気がする。

ちょうどその頃に先生が主催する野火止平林寺の月見の会がはじまって、毎年参会することになった。

ある年のこと、まだ陽が高いうちについたので、大河内家の先祖、松平家の墓域に案内してもらって参詣した。格式の高い寺のこととて、名家の墓石がならんでいた。同行した黒田領治さんが、むずかしい墓石の頌辞をすらすらと読まれるので感心した記憶がある。

名月はいつも台風の時季にあたるので、月が見えぬ夜が多く、時には台風の直撃をうけてひどい目に遭ったこともあった。その後に新宿柿傳で「狂雲茶会」と銘うった月釜がはじまったのである。

亭主は大河内風船子さんと数江教一さんが交代でつとめられたが、道具は風船子さんの縁故で、名品所蔵家の道具を借り出して取り合わせ、格調高い茶会を企画したものであった。懐石は柿傳の料理人、木村豊次郎さんが健在で、本格の京懐石を出したので、会は月を追って盛況を呈し、東京中の数寄者、不数寄者が集まり、一時は、これが紳士茶の復興の機運をつくるかもしれないという期待さえ抱かせた。

月によって道具が変わり、取り合わせと主題《テーマ》が変わって、時には墨蹟、唐物茶入、高麗茶碗という本格があり、時には遠州ブドー酒の文、ルリスタン壺花入、床脇棚にギリシャや中近東の考古美術展示という変わった取り合わせの会。時には李朝の陶器、ある時には加藤唐九郎の新作などを取り合わせることもあり、変化の多い面白い茶会であった。

四年間続いた頃に、この会はぱったりと休会になった。紳士茶復活も望みうすとなったが、何人かの人は茶会と道具の楽しみの片鱗を味得したことであろう。会が終わったのは道具の種が尽きたからである。

一会に主《おも》茶碗となるべき名品が三、四碗も出るといった贅沢な取り合わせが短命を招いたので、一会に一茶入、一碗をもってすれば、十年も二十年も寿命を保って、風流界に裨益《ひえき》するところも多かったものをと残念である。

何はともあれ、風船子先生の父上の時代から二代にわたる、古美術界における功績と人柄があってはじめて企画し得た茶会であり、新宿駅前という地の利と、新築の数寄屋座敷を提供した柿傳、安田善一氏の協力、柿傳の懐石と好条件が揃ってはじめて出来た会でもあった。

私は貴族と呼ばれた人たちに接触して思うことがある。

戦後は世の中が変わって、華族、士族、平民という身分の差は取りのぞかれたかに見えるが、血の中を流れる貴族の血は絶えることがない。とくにその末裔が美術に関心を抱き何らかのかかわりを持つ伝統は、絶えることなくうけ継がれている。歴史をたどるまでもなく、天平時代、平安時代の昔から日本の美術を育て、室町時代、桃山時代の天下人、江戸時代の大名の風流生活と美術品収集、美術工芸の保護育成に尽し、伝えてきたのが貴族階級の人たちであったことに思いいたるのである。

私は幸いにして美術工芸に携わる者として、華族の子孫の人たちと交際する機会を得て、おおいに得るところがあったのを自覚している。

前には公家華族の近衛文麿公や木戸幸一侯の話を伝えたが、昔は身分がちがうとされた一士族の末の私でも、それらの人たちと交わることが出来たのは風流の功徳であり、その交わりにあたって不愉快な思いをしたりひどい目に遭ったことは一度もなく、いつも爽やかな印象を与えてもらったのは、諸氏のお育ちのよさと教養、良識によるものであろう。

過去の日本を動かしてきたこれらの人たちの祖先がのこした叡智と矜持は、現代にも生きのこって伝えられているように感じられる。

鈍翁、益田孝さん

この二、三年、益田鈍翁《ますだどんおう》の名が一般人からも聞かれるようになった。ジャーナリストの筆法を借りれば〝今頃なぜ益田鈍翁〟というところであろうが、鈍翁という人が茶道人のあいだでのみ有名で、一般の人に忘れ去られていたこと自体がおかしいのである。

鈍翁・益田孝は、明治年間に近代的財界の建設に力を尽し、三井物産を興したのをはじめとし、三井コンツェルンの総帥として明治、大正、昭和の三代の永きにわたって日本の実業界に帝王的存在で君臨した、忘れることの出来ない人なのである。

先年(昭和五十八年)、畠山記念館で「益田鈍翁遺愛名品展」が催され、続いて日本橋三越本店で「大鈍翁展」が開催されて一時期は鈍翁の話題で賑わい、あらためてその偉大な生涯の事蹟を回想するという気運を招いたが、これは先に『淡交』誌に連載された白崎秀雄氏の「益田鈍翁」伝が単行本となって、茶人としてのみならず財界人益田孝をあらためて掘り起こしたことによるものであった。

畠山記念館の展示の時には、益田家ゆかりの古美術商、蓑《みの》半農軒氏と瀬津巖氏が、翁遺愛の名物道具を用いて茶席に懸釜をして翁を偲んだが、さてかえり見ると今では生前の鈍翁に接した人が少なくなり、かく申す私も、翁を知る生きのこりの一人となったことに気づくのである。

過ぎ去った思い出はすぐ昨日のように感じられるが、はや五十年の昔のことになる。

私は二十一歳の時に鈍翁に会うことが出来たのだが、鈍翁のような偉い人に若い者がどのようにして面接出来たかというのは、事情を申しのべねばわからないと思う。

父瓢阿は益田家の職方であった。十九歳で父を失った時、私は益田家出入の古美術商伊丹信太郎氏を通じて、「瓢阿」の名跡を継いでもよいかとうかがいを立てて、承諾を得た。本来瓢阿という雅号は、父が益田家蔵の遠州蔵帳所載「唐物瓢形籠」を模作して巧みなりというので鈍翁から与えられたもので、この時鈍翁に紹介、斡旋したのは水戸幸・吉田五郎三郎氏であった。けれども氏は父より一年早く世を去られたので、襲名に際しては伊丹氏をわずらわせたというわけであった。

瓢阿の名は許されたが私はまだ鈍翁に会う機会を得られず、二十一歳の初夏になってはじめて横井半三郎（夜雨）氏によって引き合わされ、鈍翁所蔵の籠二点の模作をするべくお呼びがかかったというわけであった。

日を定めて籠の寸法を取りにくるようにとの通知があった。益田さんはけっして品物を貸し出すということをしない用心深い人である。そのために父瓢阿はたびたび益田邸に泊まり込んで模作を製作したものだが、ある時、何か益田家に忙しいことがあって、仕事をしている父に三時の茶もくれずに放置されたことがあった。父は憤慨して執事に筆紙を請うと、長い抗議の手紙を書きのこして帰宅してしまった。この手紙はいたく鈍翁を怒らせたらしい。職人のくせに生意気だということと、ひとつには文章の巧みさと文字の立派さが鈍翁の気にいらなかった。職人は職人らしくせよというのである。

波乱の人生を送った父は、教師をはじめとして財界人としての経歴も長く、晩年にいたって籠師になった人で、文才に富み、手蹟は若年から王羲之を習い込んだ本格のものであった。私が骨肉の情から父を弁護するのは滑稽かもしれぬが、権勢に阿《おもね》ぬ反骨の持主でもあった。父は一年間の絶交をいいわたされた。

鈍翁は交際する人が何か気にいらぬことをしでかすと、その軽重によって一週間から一年間まで、刑期（?）を定めて絶交するのを常とした。一年の刑は相当重い罪に相当する。瓢阿を再び出入させるために吉田五郎三郎、伊丹信太郎、名古屋の横山雲泉などがたいへん骨を折ったという話である。

さて私のはじめての益田邸伺候だが、時間は早朝六時との指定なので、やむなく前夜は箱根湯本に泊まって、六時三十分前に小田原板橋の益田邸門前へ到着した。

初夏のことで、邸のある山や谷には霧がたちこめ、模糊として見極め難いほど幽邃な眺めであった。門を入ったあたりに二、三軒の建物が散在したが、道は自然と石段にかかり、その上は相当な高台らしく見えた。なるほどこれが掃雲台かと思いながら、石段をのぼりはじめた私は、道と並行している土塀のたたずまいに注意を引かれた。かつて見たことがないほど雅致に富む造作である。一種の築地塀なのだが、瓦の組み方や漆喰《しっくい》のつかい方が何ともいえず面白い。私は携えてきたスケッチブックを開いて写生をはじめた。

約束の時間にはまだ二十五分ほど間があった。輪郭を描き終わって陰影をつけている時に、私のうしろに人影が立った。見返ると白い髭のある老人であった。写真で見た益田さんに似ているように思ったが、黙って描き続けた。老人も無言で私の手元を見つめていたが、そのまま坂をのぼっていってしまった。

十五分ののち、掃雲台の田舎家の応接間で鈍翁に引き合わされた。横井夜雨さんが仲立ちであった。やはり坂道でスケッチをのぞき込んだ老人が鈍翁その人だったのである。

私は父が生前お世話になりましたと初対面の挨拶を申しのべた。

「うむ、瓢阿君の息子さんか、君は塀を写生していた人だね」

「はい先刻は失礼いたしました。ご主人様と存じませんで」

と詫び言をいった。

「なぜあの塀を描いていたのかね」

とたずねられた。

「見たことのない面白いつくりだと思ったので」

「ふむ、あの塀が若い人にわかったかな。あれは私が苦心をしてやっとつくらせたものだが、この山の庭をいろ〳〵とつくっている時に、何度やっても塀が気にいらなかった。そのうちに朝鮮に用事が出来て半島各地を廻ったが、ある寺の境内を区切る築地塀を見て〝これだ〟と思った。そこでむこうの左官職人を連れて戻ってつくらせてみると、はじめて気にいったものが出来あがったというわけだ。かれらは不思議な作意をそなえている。高麗茶碗などの雅味に通じるものだが、君がそのよさに気づいたのは感心だ」と横井氏をかえり見た。

青井戸の茶碗で茶をいただいた。この茶碗はその後たび〳〵あらわれて常什のようにつかっておられた物である。青出来で見込みにカイラギがあり、目痕があきらかで入《にゅう》が一本あった。

思い出して図録を調べてみて「隼《はやぶさ》」ではなかったかと思われた。

やがて蔵から籠花入と炭斗が出された。いずれも「組物」という巻上げの手で、いたって侘び深いものであった。鈍翁はこの手の籠の生まれた土地の見聞と、彼地の住民がいかなる用途にしていたものかを語ってくださった。即ち花入は種子壺《たねつぼ》であり、炭斗は菜籠または祭器だというのである。

私はスケッチをして寸法を取った。作品に物差しをあてる私を見て、鈍翁は話しかけられた。

「寸法も必要だが、よく品物を見てその精神をつかんでおくことが肝腎だ。職人さんに写し物をたのむと、出来あがってきた物がどこか感じがちがう。それをいうと、〝寸法どおりです〟という。寸法どおりかもしれんが、感じがちがえば別物だ。先刻君が写していた土塀がこの辺の機微をよく物語っている。朝鮮の工人は寸法をはからない。全部目分量で仕事をすすめていたのを見て、なるほどと感心したものだが、それがあのような雅味のある塀となったんだね。しかしそれは誰にでも出来るというものではない。修練を積んだ練達の業《わざ》をもって寸法にこだわらぬ、そこがむずかしいのだ」

この話は甚だ教訓をふくんでいた。とくに茶道具をつくる者には為になる話だと、今にして思っている。

その時つくった籠は〝寸法どおり〟につくったものだが、どうやら本歌の雅味をとらえ得たのか、おおいに鈍翁のお気に召して、ただちに筆をとって箱書付をされ、「花《はな》筐《がたみ》」という銘をつけてくださった。

鈍翁は茶道本山と渾名《あだな》されるほど財界茶道の頂点に立っておられたが、その鈍翁が、「家にある物は何でも見せる。他家の物でも、およそ日本にある名高い籠はすべて見て写してみるがよい。どこへでも話をとおしてあげるから、しばらくは模作に専念して古い物を勉強し、基礎を固めるようにしなさい」

と、私のゆく道を示してくださった。百万の味方を得たようなものであった。

それからは、機会をつくっては益田邸へお邪魔し、所蔵の籠を見せてもらい模作をした。

その時鈍翁は、三井物産を引退され隠居して小田原に移られてからすでに二十年余を過ぎていたが、未だに財界への影響力を持続しておられたらしく、日々に実業家の訪問が絶えぬ様子であった。

昭和十三年のことと記憶しているが、私がおたずねしている時に、外務省の役人さんが来られたことがある。大臣か次官かの偉い人だったらしいが、その人に鈍翁が一生懸命説明しておられたのは、アメリカの工業生産の力量についてであった。のちに聞いたのだが、アメリカの実力を知悉《ちしつ》するのは、三井物産や三菱商事など商社の調査機関がもっとも詳しく、調査の精度は政府や軍部をはるかに越えていたということである。

益田さんは「絶対に戦争は避けねばならぬ、アメリカを敵に廻すことだけは極力反対してもらいたい。日本の軍隊がいかに強くとも所詮蟷螂の斧に過ぎず、最後の勝利は大国に持ってゆかれるのが目に見えておる」と力説しておられたのを印象深く覚えている。

またある日のこと、横井さんとともにお目にかかっているところへ外国人の客がとおされてきた。英語で迎えられた鈍翁は二、三十分のあいだ、流暢な発音で話し合っておられた。九十翁の英会話に私は奇異の感にうたれたものだが、うかがえば益田さんの英語は、十二歳から英国人について習った身についた言葉だったのである。

会話の内容はよくわからなかったが、チャイナとかフィリピンとかハノイとかの地名がたび〳〵あらわれたところから、日本の南進政策の不当を説いておられたのかと思われた。中国戦争が長びいて日本の南方進出が予想される一方、欧米諸国の日本への圧力が具体的な形をあらわして、島国日本は苦境に陥り、一般の国民にも重苦しい大戦の予想がのしかかって感じられる時代がきたのは、もう少しあとである。

益田家にはよく客があり、鈍翁は客とともに食事をして話し合われたが、それは毎回、懐石の形をとったということである。懐石といってもとくに贅沢をするわけではないが、小田原の海の新鮮な魚と邸内でとれた野菜の一汁二菜が何よりのご馳走で、食堂でする食事を茶席に移しただけの、食器も塗物は喜三郎、やきものは鈍阿、それに抹茶が添えられるだけの簡素なものであったが、美味なことは評判であった。

とくに客をよろこばせたのは、床に名幅を掛けたことと、一碗の茶にも名碗を常什のように用いてもてなされたことだったという。すでにして名物道具の羈絆《きはん》を脱した鈍翁の悟りの境地には、教えられるものがあったと多くの人が語り伝えている。

アメリカとの開戦に先立つこと三年にして益田鈍翁が世を去られたことは、むしろ幸運であったと私は思う。なぜならば戦争が接近し、アメリカとの軋轢《あつれき》が激しくなるとともに鈍翁の懊悩《おうのう》は深くなったであろうし、大平洋戦争四年間ののちの敗戦を体験されなかったのは、幸せなことだったといいたいのである。

占領軍とGHQが財閥の解体を意図してとった方策は益田家を根底から崩壊させたであろうし、松平不昧公以上と謳われた大コレクションは財産税補塡のために四散し、小田原の広壮な邸宅はいうまでもなく、品川御殿山の本邸、箱根、日光、塩原、軽井沢その他の別荘もともに失うことになるのだから、それは九十幾歳の翁にして今まさに世を去らんとしている人が遭遇する体験としては、あまりにきびしすぎるからである。

鈍翁・益田孝は、功成り名遂げて長生した幸福な晩年を暇瑾《かきん》なく終わられたのであった。

横井半三郎、夜雨さん

益田鈍翁の話が出ると、「横井夜雨という名をよく聞くが、どのような人ですか」とたずねられることがたび〱である。

「ひと口にいえば、鈍翁を崇拝していた茶の湯好きな実業家のひとりです」とこたえることにしているのだが、年月が人の名を消去してゆくことの速さにはうたた感慨を催してしまう。考えてみれば、あれほど大きな足跡をのこされた益田さんでさえ知らぬ人が多くなった昨今のこと、四十年の歳月は短い時間ではないのである。

横井さんは茶道人として、古い茶会記の研究と古陶の研究家としても当時は世に知られた人であったが、財界人としての事跡は忘れられることが多いものである。

夜雨・横井半三郎さんの社会的な身分は王子製紙の重役であった。社長の藤原銀次郎さんは益田ブレーンのひとりだが、横井さんを鈍翁に結びつけたのは藤原さんだったと思うが、詳しい事情はわからない。

「益田さんと仕事の話は一切しない」といっていた横井さんの言葉によると、風流の大先輩としてのみ鈍翁に接近していられたのだと思う。

横井さんの鈍翁尊崇はなみ〳〵でなく、ついには鈍翁のそばに在ることを目的として益田邸に近い小田原板橋に別荘を構えたほどで、晩年の鈍翁にもっとも密着していた人であった。

横井さんが名古屋出身だということも翁の横井贔屓《ひいき》の一要素だったらしい。関東大震災後に一時名古屋住まいをしてかの地の茶人たちと交歓されてから、翁は名古屋人気質をいたく気にいっておられたのである。

横井さんはたび〳〵別荘で茶会を催して鈍翁の来駕を請うた。名器什宝に取り固まれた鈍翁を感服させるほどの名器があるわけではなく、鈍翁を嬉しがらせるほどの茶席を構えているわけでもない。もてなしはいつも簡素な〝おしのぎ〟か蕎麦の程度で、それに濃茶と薄茶、時には薄茶のみという、それほどのお粗末でも鈍翁はよろこんで夜雨荘へ足をはこばせたのである。

ひとときの風雅を楽しまれ、その返礼には掃雲台の茶事を振舞ったものであった。鈍翁をむこうに廻して、平然として招き招かれていた横井夜雨とは、いったいどのような茶境を有する人であったのか。おそらくは独自の茶道観によって、名器を羅列した財界人の茶の湯に、批判的な一家言を持っておられたのではなかろうか。名物道具に取り固まれた鈍翁にして横井氏に同感するところがあったとするならば、鈍翁にも侘び茶に共鳴する半面がうかがえるということも出来ようかと思う。

ある日のこと、夜雨荘の茶会が終わって番茶を飲みながら雑談を楽しんでいる時、鈍翁が突然形をあらためて、

「横井さんにひとつ庵号を贈りたい」

といわれた。

「は、庵号は夜雨荘ではいけませんか」

「いや、もう少し適切な庵号を思いついたんだが」

「はあ、何とおつけくださいました」

「硯をかしてください」

席にはその日の相客、小田原の医師近藤外巻氏（博報堂社長・近藤道生氏父君）夫妻と塔の沢福住楼の主人澤村夫妻、桜井という市会議員などが控えていた。

鈍翁は筆をとって何か書きつけて横井氏に示した。

「ははあ〝飯後庵〟ですか。これは恐れいりました。なるほど言い得て妙ですな、皆さ

んいかがですか」

と横井さんは苦笑して、頭をかきながら客たちに鈍翁の筆蹟を披露した。一同は鈍翁の辛辣な諧謔に笑いもならず我慢していたが、やがていっせいに吹き出してしまった。なるほど横井氏の茶会がいつも〝飯後〟ばかりであったことに気づいたのである。

横井半三郎さんはけっして貧しい人ではなかった。身分は王子製紙の重役であり、樺太と朝鮮に山林の会社を営んでパルプの原材料を王子製紙に供給していたということを聞いた。

ある程度の茶道具ならば購うことも出来たであろうし、懐石茶事ぐらいは出来ぬはずはないのだが、粗什を用いて飯後の茶よりおこなわず、平然として鈍翁を客としていたのは、自ら律するところがあってのことだったにちがいない。

それでこそ鈍翁もこだわりなく〝飯後庵〟の渾名を与えて彼を揶揄《やゆ》したものなのであろう。年齢も地位もおおいに隔たるとはいいながら、横井さんは恐れもなく鈍翁に接していた様子が歴然としていた。

ある時、横井さんと同席で薄茶を頂戴したことを思い出す。鈍翁が自慢の遠州蔵帳の新渡高麗茶碗に対し、横井氏が発した遠慮のない批判を聞いて、私はおどろいて鈍翁の顔をうかがった。痼癪持ちの鈍翁がふむ〳〵と聞き流しておられたのは耳の遠さもあるることながら、よほど横井氏と馬が合っているのだなと推察された。

私が知る限りでは横井夜雨さんは週末を欠かさず鈍翁のそばで過ごされていた。時には連日掃雲台の坂をのぼったようであった。

鈍翁が九十二歳で世を去られた時にもっとも悲嘆に沈んだのは横井さんだった。慈父のように翁を慕っていた横井さんは、すぐに鈍翁追悼の文集を上梓する仕事に取りかかり、翁の周囲の財界人や茶の湯の知己に原稿を依頼し、なるべく多くの人に読んでもらうためにと小野賢一郎主宰の『茶碗』誌に特集号を組み、「益田鈍翁追悼号」として発行した。この雑誌は現代にいたっても鈍翁研究の権威書のひとつとなっている。

さて私の家と横井夜雨氏との縁はどのようにしてはじまったのだろうか。私は詳しくは知らないが、おそらく父瓢阿が益田邸で知己を得たものなのであろう。思い出してみると、私は少年時代から父にともなわれて度多く、横井邸をたずね、横井氏に可愛がられていた。

虎ノ門琴平町に本邸があった。実業家の家らしくない、どこか粋な感じのする建物であった。聞くところによると歌舞伎役者が建てた家を買われたということで、横井氏の親類に舞踊の西川鯉三郎さんがいたことを思いあわせると横井氏の趣味の一端もうかがえるように思う。一時は鯉三郎さんが横井邸を東京の稽古場のひとつにしていた時代もあった。横井氏の夫人は学習院出身で、学友に堀越梅子さんがおられて父が紹介され、その縁でまたたくさんの知人がひろがったものであった。

初代瓢阿の没後、私を鈍翁の前へ引き出したのは横井氏であった。そして数多くの鈍翁所蔵の籠や茶杓を模作させたのである。

益田鈍翁亡きあとは横井さんが私の面倒を何かとみてくださり、客先もたびく紹介された。そのうちの特異な例は、小磯大将と樺太庁長官である。この人は、知人に贈りたいから鉈籠《なたかご》花入をつくってくれと樺太産の白樺の皮をたくさん送ってきておどろいたことがある。五十点ほどつくった。

太平洋戦争がはじまったつぎの年の寒い頃のこと、小田原の飯後庵へおたずねした日のことはもっともよく記憶している。この日に同席した名古屋の茶道具商横山雲泉さんに、百個の籠花入を注文されたからである。

ちょうど近藤外巻先生がきておられ、三人一緒に茶をいただいた。大名物割高台の茶碗が出されておどろいていると、これが巧みな大野鈍阿さんの模作であった。横山さんが「私も一個ほしいもんやわなあ」といって盛んにひねくり廻していた。

横井さんは「本歌よりいいだろう」と大自慢であった。この茶碗の本歌は古田織部所蔵、石川自安から鴻池家という伝来、前の年に畠山即翁が鴻池入札でたいへん高値で買われたので、横井さんがたのみこんで写させてもらったということであった。水指が豪快な伊賀でよく調和していた。川喜田半泥子の作であった。鈍翁の思い出話に花が咲いて、尽きるところがなかった。皆鈍翁に愛された人たちであった。

昭和十七年になると、私は軍隊に召集されて戦野におもむくことになった。

横井さんは北満の部隊へたび〳〵手紙をくださって「凍傷も風邪も油断からです。心を引き締めて軍務に精励してください」というような文面がいつも綴られていた。樺太と朝鮮に事業を持つ氏は極寒地の様子をよく知っておられて、詳細に注意がのべられていた。

横井氏の葉書の思い出は、いつも郵便が届く朝の零下三十度の雪原の地平線の風景に結びついて、今も目に鮮やかである。

財界茶人素描

團琢磨さん

團琢磨さんにお目にかかったのは、父瓢阿に同行して籠花入を届けた時のことで、私は中学生だった。

この時には有名な「唐物答案籠」という花入を見せてもらった。出入の茶道具商伊丹善蔵さんが、蔵から大きな古びた外箱を持ち出してきた。手付の唐物籠は口縁に伸板を用い、昔は同じ銅板の縁をつけた共蓋があったものらしく、錠前をつけた痕跡をとどめていた。胴体は細い竹籤《ひご》による精巧な編みで、細い臑当《すねあて》が施され、高い手が胴と口縁にそって垂直につけられ、手の上部にも銅板が張ってあった。

「これはだね、唐か元の時代に支那の官吏登庸の科挙の試験場でつかった籠で、〝答案籠〟と呼ばれている。どのように用いたものか正確にはわからぬが、答案を入れて試験場へはこんだものか、提出された用紙を保管したものではなかろうか。それは、錠が掛かるようになっている構造から考えられる。昔の茶人が蓋をはずして花入に見立てたものだ」と、團さんは説明されてから外箱の蓋を示して、「唐物答案籠、科挙殿試に用ひたる籠也」の書付を示された。

「この書付は藤村庸軒の筆だから、庸軒の漢学の素養から推して信ずるに足るものだ」とつけ加えた。奥様がお茶を点ててくださった。

邸宅は鬱蒼とした樹木が覆う庭に固まれていた。原宿の東郷神社のとなりであったが、まだ環状六号線は開通せず、東郷神社も建設中だったと記憶している。この辺は隠田《おんでん》という地名で、まるで山の中のように静かな住宅地であった。

私の家のあった赤坂から行くのに、青山四丁目で市電をおりて細い道を北へ入ってしばらく歩くと、茶室建築家にして数寄者だった仰木敬一郎（魯堂）さんの邸があり、その前を過ぎて坂をくだるとまもなく團さんの邸へつくというような、市内でありながら辺鄙なところだった。今日の青山、原宿とは隔世の感がある。

團さんとの縁はそれきりであった。お目にかかって二、三年ののちに、團さんは日本橋の三井物産玄関前で凶弾に倒れられた。思えば私は少年時代から、激動の日本とともに生きてきたという感慨を抱かざるを得ない。

藤原銀次郎さん

藤原さんはもと麻布十番に住んでおられた。

十番の商店街を一の橋のほうへ抜けて左へ曲がると、十番通りと並行した静かな邸町があった。その通りは、今は広くなって六本木のトンネルに続いているが、その十番の角に藤原邸は在った。ある時、益田鈍翁が持っておられた宗旦伝来の「六つ目籠炭斗」を、藤原さんが欲しがって模作をたのまれ、それが出来あがって届けにいく親父の伴をしたことがある。

この邸には二、三度使いにもいったが、大した思い出はない。その後に奥方が、

「鈍阿さんはおあがんなさいといっても、いえここで失礼しますといって内玄関で帰ってゆくが、瓢阿さんはあがってお茶をのんでゆく、しかも玄関から堂々と入ってくる」

と批判されたといって、父が怒っていたのを聞いた。

「あがれというからあがるんだ」というのが父の言い草で、野人的なところのある父には、外交辞令は通じなかったらしい。鈍阿さんと比較されたのは、どちらも鈍翁の職

方だからである。

職人という職柄と身分のちがいをわきまえないという、この時代の身分意識から発した奥方の言葉だったが、職人になったばかりの瓢阿には、その辺の機微がよく理解出来なかったらしい。当時の社長階級は馬鹿に威張っていて、一方職人は不必要にへりくだっていたものだが、父は袴をはいてハイヤーを乗り廻し、対等にわたりあったので、ときぐ〱は齟齬《そご》が生じた。

学問があって社長何者ぞという気概の父は、自らは趣味人なりと任じていたものであった。人に阿《おもね》ることをしない世渡りは、息子の私に伝染し、孫たちにまでその風を伝えたように思う。血統は争えぬものである。

私が瓢阿を襲名してしばらくしたある日、藤原さんに呼ばれたことがあった。まず横井半三郎（夜雨）さんからちょっと来てくれといわれ、日比谷の三信ビルにあった王子製紙の本社へ行った。横井さんは〝参与室〟という一室を占領していて、お宅へうかがった時より偉そうな態度であった。

「藤原さんで籠花入を写す用事があるとおっしゃるので行ってくれないか、今すぐ行けるか」

という。「行けます」とこたえると、私を待たせて、二、三本電話をかけた。そして、「白金のお宅のほうで奥様が待っておられるから、すぐに行ってください」ということになった。

私は、父にケチをつけた人に会うのはいやだと思ったが、仕方なしにタクシーをとばして白金へ行った。最近新築したという豪壮な邸宅であった。

玄関で案内を請うと女中があらわれて、「おあがりくださいまし」という。奥方が何というかなと思いながら応接間へとおった。別の女中が古めかしい大きな箱をはこび込んできた。奥様があらわれて「お父様の跡を立派に継いでおられて」というような挨拶があった。そして、

「この籠を益田様がご所望なのでさしあげて家に写しをのこします。なるべくそっくりにつくってほしいと主人が申しておりました」

という。箱から出してみると、手のついた唐物籠で縢当の堂々とした立派なものであった。箱も大時代の感じであった。蓋裏に何やら古筆家の極書が貼ってあった。

「古田織部の所持ということで、伝来は尾張の徳川様だそうです」と説明された。

借りて帰ることにして風呂敷へ包んでいると、菓子が出てお抹茶がはこばれた。

「瓢阿さんに一入のお茶碗でお茶をあげてくれと横井さんからお電話がありました」と奥様がいう。私は怪訝な顔をしたらしい。

「ご存知ありませんか、今お電話でした」という。思いあたるのは、先日横井さんに銀座の夜店の道具屋で一入の黒楽茶碗を掘り出した話をしたことがあった。そのことから、藤原さんにある有名な一入を見せてやってくれと報せたものらしい。藤原家秘蔵の一入は私が買ったものとは競ぶべくもない名品であった。私は黒釉の奥から赤味がのぞく柚肌の美しさにほと〳〵見惚れては、横井さんの思いやりに感じ入りつつ抹茶をすったものであった。

藤原銀次郎さんにはその籠が出来て届けた時にお目にかかった。広間の床に徽宗皇帝の桃鳩の絵が掛けてあった。「近衛さんの頒ち物だ」といっておられたが、この絵の流転には複雑な事情があったらしい。

藤原さんは戦争中、米内内閣の商工大臣をされたりもしたが、敗戦とともに「日本人はもうお茶は出来ぬ」といわれて、茶道具放棄を宣言されたのは有名な出来事である。当時の茶道家も真剣にその言葉をうけとったものであったが、それほど敗戦国民としてうちひしがれていたのである。爾来四十年余、日本人は一生懸命にはたらいてきた。今日の日本の復興ぶりを藤原さんに見てもらいたいような感慨無量の心持ちである。

正木直彦さん

東京美術学校（現・東京藝術大楽）の校長をされていた正木直彦先生と父は親しくしていただいていた。正木さんの『十三松堂日記』には「竹人瓢阿と午後約す」という一条が見える。父が「正木さんは漢詩に詳しい人だ」と評しているのを聞いたこともある。

正木先生は東京美術学校の校長としてほとんど理想に近い教育方針を貫かれた人である。その前に人無く、その後に正木さんを越す校長の在ったことを聞かない。

もっとも顕著な点は、先生自らがおおいなる美術愛好者であられたことである。週に一時間、校長の講義を担当されたが、絵画、彫刻、金工、漆工、などを講義されるについて、自分が収集した古美術品を教室に展示して教材とし、実物に即してさま〴〵な話をされる。それは美術史であり芸術論であり、随談であり、楽しい実地教育の体をなしたというもので、学生の身心に美術とは何ものであるかをしみわたらせたものであったと、当時学校に在籍した人はこも〴〵伝えている。

正木さんはまた学校の参考館の蔵品も十分に活用して教材とされ、学校が購入する美術品を出来るだけ豊富にしたいと絶えず配慮しておられたらしく、『十三松堂日記』にはたび〱予算の不足をかこつ意味の文字が見えている。

正木さんのあとには和田英作さんが画家校長をつとめたが、その後は正木校長ほど美術教育に理解を示した人は出なかったと聞いている。とくに戦後は猫の目のように教育方針が変わって、教育の実があがっていないのが外部の者にもうかがわれた。

正木先生は卒業後の美術家たちの行く末までも心配されて、画商との交渉にいたるまで心を配られた。とくに三越の美術部とは親密で、多くの画家や工芸家を斡旋された。当時の三越の権威は絶大で、その後援は強力なものだったのである。

正木さんは十三松堂でたび〱茶事を催されたが、ある時夜咄《よばなし》をすることになって、露地行燈が欲しい、だが東京には売っていないといって私方へ注文があった。同じ竹芸とはいえ職種がちがうのだが、ともかくつくってあげたことを覚えている。先生の奥様は香道に深く、両国の式守蝸牛牛先生の門下であった。

十三松堂の邸は牛込の矢来にあったので、山王下からは市電に乗って外濠線の神楽坂でおりて坂をのぼって、よく使いにいった。正木さんは益田鈍翁と茶の湯の交わりがあったが、その縁故で、益田さんが収集しておられた仏教美術や絵巻物などを、若い美術家に見せてくれるようにはたらきかけて仲介の労をとられた。その学生の中に松田権六さんなどもいたわけである。

また益田家の収集品の中に鑑定のつかぬものがあると、博物館の技官や東京美術学校の専門家の鑑識を請うことがあって、益田家と美校の親密さは濃いものであった。

私が父にともなわれて正木先生に会ったのは中学生の時である。洋画志望であると話すと、美校に入るには川端学校へ通ってデッサンを習いなさいと、藤島武二さんに紹介してくださった。学校が終わってから市電に乗って春日町へ通ったが、藤島先生はほとんど教室へは顔を見せなかった。ときたまあらわれると、デッサンを見て廻って手を入れてくださった。一本か二本の線で絵が生き返るのでおどろいたものである。

磊落《らいらく》な気風で、先生がくると教室が沸き立つように明るくなった。先生にはいつも華やかな話題がつきまとって、裸婦のモデルはかならず口説いてしまうというような噂も聞いた。〝そのまま帰すのは失礼だから〟というのが藤島流の哲学らしかった。それからあらぬか裸婦をつかう時間によくあらわれたものである。

即翁、畠山一清さん

財界茶道は大本山益田鈍翁を頂点として隆盛で、戦争の最中にも断続して茶事がおこなわれていたらしい。

太平洋戦争に入って戦線が拡大すると、私たちの身辺からも召集兵が出たり、徴用工にかり出されたりしはじめたので、私は畠山さんにお願いして荏原《えばら》製作所へいれてもらうことになった。荏原は軍需工場になっていたので、徴用を逃れる手段になると思ったのである。

朝はやく起きて品川の工場へ通った。自由業の者にはつらいつとめだったが、戦場へいくよりはマシだと思って我慢した。畠山さんは工場を見わたせる硝子張りの社長室におられた。

「いくらはやく出勤しても、社長のほうがはやいので弱ります」

と部長がこぼしていた。

ポンプの先につけるクリーナーを竹籠でつくってはどうかというので、試作品をつくったことがある。鉄が不足している時代で、うまくゆけば下請工場をつくってもよいといわれた。畠山さんはまだ六十代になっておられなかったはずである。

古美術商京橋水戸幸の吉田幸之助さん（誠之助さんの父）や日本橋の八田富雄さんなどもつとめていて、勤務が終わると誘いあって品川駅近くでビールを飲んだ。三ヶ月ほど通ったが、私の場合は工場へ入ったことがかえって目について、召集がはやくきてしまった。そこで私の大陸生活の五年が強いられたのである。

戦争が終わってしばらくしてから、畠山記念館が出来た時の開館式の日に庭で畠山即翁にお会いした。懐かしがってひとしきり会社の思い出話に花が咲いた。「八田は可愛そうなことをしたね」といわれた。日本橋高島屋横に住まいを持っていた八田富雄さんは、終戦後の上海で惜しくも戦病死を遂げたのである。

その後にお呼びがかかって、畠山記念館所蔵の「唐物南京玉入手付籠」を模作したことがある。

耳庵、松永安左ヱ門さん

松永安左ヱ門さんは電力の鬼と渾名されたほどであり、生涯を電力事業に捧げた人である。

益田鈍翁に茶の湯に引きずり込まれたのが昭和九年。それから古美術の収集も熱心にされるようになった。埼玉県の柳瀬の山荘に田舎家の茶席をつくって、戦争中も盛んに茶事をしておられた。その頃に「鉈の鞘」花入を注文されたことがある。

古い檜皮の大きな民具が届けられて、これをほごして編んでくれ、但しこの古色を損じぬようにつくれという注文を仰木政斎さん（敬一郎さんの弟）が使者に立って、「ざんぐりたのみます」とむずかしいことをいう。この籠は気にいられて、短冊をもらった。籠の追加が出たが、私は戦場へいってそのままになってしまった。

戦争が終わってしばらく経った頃には、財界茶道の推進力となっておられたほどで、収集品も多くなり、小田原の邸内に美術館を建設するまでになった。美術館が出来てからは、毎年十一月に秋の園遊会と茶会が催された。

古美術関係者、茶道関係者が三百人ほども集まって、いつも盛会だった。ある年のこと、松永さんが茶を点てられて、清巖宗謂の茶杓をつかわれたことがある。利休に見まがうほど蟻腰の手強い作で、大ぶりの絵唐津の茶碗と根来の薬器によく調和していた。

「お茶杓は?」と正客がたずねた。

「あててごらん」

「さあ、利休か道安」

亭主は黙って首を振る。正客は三客の私の袖を引いて小声で「瓢阿さん助け舟」。

「さあ大徳寺あたりじゃありませんか」、正客はそのままうけ継いで、

「わかりませんが、大徳寺あたりですか」

「大体よろしいが」

「降参します、誰ですか」

「ははは清巖とは思うまい、これ、筒を出して」

と水屋へ声をかけられた。

真削りの太身の筒に「茶僧」という銘、「万松庵清巖宗謂(花押)」と立派な書入れであった。

茶会のあとにその茶杓を写させてもらった。お礼に下削りを一式贈ったが、その後に

どのような銘がついて誰がもらったものだろうか。

畠山即翁と松永耳庵で実業家のお茶の時代は終わった、とよく人がいう。しかし、私はさようには思わない。茶の湯が男性を離れたのは、大戦争のあとに続く変動の時代の一時的な現象で、ひとときの小休止だと思っている。

茶道がはじまって五百年、茶の湯はいつの時代にも日本を動かしてきた天下の趣味道として伝承された。茶道とは、昔も今も知識人の知的な風流心を満足させるに足る種々の要素を包含するものなのである。

今や数少ない数寄者たちによって男性茶道の孤塁は守られているが、かならずやまた、政財界の人たちが参加する時代がくることを、私は信じて疑わない。

三井家の数寄者

松平不昧公が三井家所蔵の唐物漢作名物茶入「北野肩衝」を見せてもらうために、はる〴〵京へのぼったという逸話がある。この時、江戸の道具屋伏見屋宗振が、よい機会だからお相伴したいと同行を願い出た。すると三井家は不昧公には茶入研究の名目があるが、以外の者への披露はお断りするといってきた。

そこで不昧公は一計を案じ、「私が茶入を見ている刻限を計って三井家をたずねてこい、さすればうまく取り計らってやる」といって、宗振をともなって京へのぼった。

さて、不昧公が三井家をたずねると主人が挨拶に出て茶席へとおし、茶入を出してくれた。不昧公は拝見にとくに時間をかけることにして時をかせいだが、伏見屋は待てどもあらわれない。とう〳〵そのまま宿へ帰ってしまうと、伏見屋が戻ってきた。「なぜ約束どおりにこない。苦労して時をのばしていたのに」というと、

「確かに三井家へまいりました。〝松平の殿様はおいでございます、しばらくこれにてお待ちを〟といって座敷へとおされ、高麗の茶碗でお茶をくださいました。しばらく

すると干菓子が出てまた薄茶をくださるというもてなしに恐縮しているうちに、〝殿様は先刻お帰りになりました〟という挨拶です。早々に戻ってまいりました。北野肩衝拝見の奇策は見破られて失敗したようです」

というのであった。

思慮深い名君松平不昧公が三井八郎右衛門にしてやられたという一幕は、昔の名物道具拝見のむずかしさをよく物語り、江戸からわざ〳〵見にきた者にさえ、みだりには披露しなかった三井家の格式がうかがわれて面白い話である。

それから百五十年ほども経った昭和年代の三井家の人たちと接触してみても、何やら堅固な格式、家訓につちかわれた根性のようなものが感じられて、なるほどとうなずかされることがたび〳〵であった。

先の話にもあるとおり、三井家の主人は代々茶の湯を嗜む人であったと伝えられる。明治以来三井家は三井財閥に発展し、親類も枝葉が繁り、明治、大正には本家をはじめとして著名な茶人が輩出した。その人たちの数寄者ぶりは、野崎幻庵の『茶会漫録』や高橋箒庵の『大正茶道記』などに見え、古老の話にも聞いたが、私とは一時代を隔てているので会うことを得なかったのは残念である。

三井守之助さん

私が知己を得たのは本家の当代ご主人（三井八郎右衛門さん）と、箱根の三井（高大）さんと、永坂の三井（守之助）さんだけである。

私がはじめて三井家に出入りしたのは昭和十四年のことで、泰山・三井守之助さんにみとめられて月給で仕事をしないかと誘われたことがあった。

この方は麻布の永坂に住まいされていたので、〝永坂さん〟といえばわかるほど数寄者のあいだに知られた茶人だった。その収集は益田鈍翁につぐものとして、とくに茶道具に名品ありと謳われていた。

茶はもと〳〵藪内流だったが、その頃は遠州流の宗家先代小堀宗明さんが出稽古にきておられた。

稽古は木曜日の夜で、同族会社の社長連中や親戚のお嬢様たちが集まり、ご主人の風流交際《つきあい》の面会日でもあったので、私がお邪魔するのはいつもこの日であった。

邸は広大なもので、門の中の玄関を入ると家令の室があって出入を確かめるようになっている。内玄関の沓脱に、よく畳表ののめりの利休下駄が脱いであったのが記憶にのこっている。この下駄で大阪の茶道具商、春海商店の小田栄作さんがきているなとわかった。

家令の事務室に控えている執事が愉快な爺さんで、茶道具商山澄の先代と花柳界で遊んだとよく聞かされた。私を三井家へ連れていったのが当代山澄店主、石野力蔵さんだったからである。

内廊下ははるか遠くまで見わたせる長さで、つきあたりに近づくと薫香がかすかに流れてくる。それでご主人の居間が近いのがわかるというわけで、香りをたよりにゆくと広間に人が集まって茶の稽古がはじまっている。

三井さんはいつも和服で、まれには袴をつけておられた。ご家族や親しい人たちに取り囲まれて、点前の稽古、時には雑談に興じ、大阪や京都の茶道具商がご機嫌伺いや、道具を見てもらいにくることもあり、同族会社の社長、重役たちが最近入手の茶碗や茶入を披露したり、鑑定を請うたりする。三井さんはよいの悪いのと品評をくだす。いかにも楽しげな様子であった。

三井さんは余技にやきものをつくるので、自作の茶碗を仕込む茶籠を私につくらせるために、邸へ出入させるようになったのである。私は自信作が出来ると邸の門をくぐった。

益田鈍翁の職方というだけで信用され、仕事を見ていっそう気にいられた。私がゆくと鈍翁の噂がよく出た。

「益田の爺さんがね」と親し気に呼んでおられた。事業の先輩で、茶の友であるし、鈍翁のお孫さんの智信さんのところへお嬢様の倭子さんが嫁がれて姻戚関係もあった。

やきものの窯は邸内にあって、世にいう御庭焼だが、京都から陶芸家《やきものし》がきて面倒をみていた（たぶん永樂さんの先代だと思う）。

三井さんは焼きあがった茶碗や振出しを選んで、茶筅筒、茶巾筒、棗などの皆具《かいぐ》を組んで私に寸法を取らせて、それらをいれる茶籠の注文を出される。

時には蒔絵師がきて、棗や茶筅筒につける蒔絵の下絵を承っていた。組む道具と籠が揃うと、道具屋の近善さんが袋師に廻してそれ〲の仕覆を注文する。三井さんはそのために秘蔵の古代裂を出して、取り合わせをあれこれ相談していることがあった。また近善さんは茶籠につける金具や紐を探してくるように命じられていた。

稽古日や茶会の日には近善の息子兄弟が水屋を手伝っていた。

話がはずんで夜がふけると、永坂の更科から、もりそばをとってくださった。道具屋さんなどは「さすがに永坂はうまいですなァ」などといってつる〳〵やっていたが、いつものびていてまずかった。それでも歯の浮くようなお追従をいう。私に対してもふだんは威張っているのに、三井家では、私のほうが位が上でペコ〳〵しているのがおかしかった。

茶道具は五都の一流がお出入だった。

三井さんは道具を入手すると、仕覆を好みの裂に代えたり、外箱をつくり直したり、銘をつけて書付をしたり、趣向を凝らして楽しむのが好きで、その用事のため絶えずいろいろな職人さんが出入していた。

ある時、籐組の大きな籠を出して見せられた。乱籠にも大き過ぎるが、解いて何かつくれないかといわれる。艶のある美しい時代色なので承知して持ち帰り、ひと晩水に浸してやわらかくしてから遠州蔵帳所載「唐物瓢形籠」と「茶籠」をつくりあげた。このような仕事をはじめて見た三井さんはいたく感心して「どうにもならぬ大籠から、つかえる名品が二点生まれた」とよろこび、手づくりの茶碗をくださった。この時の仕事に加えて、かねておさめた茶籠の出来具合、道具の話も通じるところから私は気にいられて、月給で三井家へこないかと誘われたものらしい。

しかし私は宮仕えして自由を失うことを恐れて、それは辞退させてもらった。

三井さんは「もっともだネ」と承知してくださって、亡くなるまで愛顧して籠や茶杓の注文をくださった。

永坂へいくたびに、昔の数寄大名の生活とはこのようなものだったのではなかったろうかと、遠州公や不昧公の日常をうかがい見る心地がして目を見はることが多かった。

三井高大さん

箱根の三井さんを知ったのは戦後になってからで、昭和三十年の後半である。三井高《たか》大《ひろ》さんは三井南家の人であると聞いた。京都の烏丸通に面して二条通と押小路通にまがっていた三井家の二条側を〝北さん〟、押小路側を〝室町さん〟と呼んでいた。この北家の人で明治時代に大茶人と呼ばれた三井松籟さんのご子息が高大さんである。

この方は、戦後に箱根湯本の旧東海道にそった別荘へ隠棲されたので、〝箱根の三井さん〟と呼ばれるようになった。隠居して財界を引退された上に、この別荘で旅館（松の茶屋）の営業をはじめられた。「三井家のご主人が！」という人もあったが、三井さんは日本の変貌に真剣に対処するため、旅館の主人に甘んじようとしたものらしい。

一方に料理が好きで茶の湯に趣味を持つ風流人であり、世捨人の風格をそなえておられた面もあり、さこそとうなずかれる節があった。

私がはじめておたずねした日も、玄関に立って案内を請うとご主人が迎付けに出られて、敷台に扇子を置いて低頭されたのには恐縮してしまった。

三越の美術部長の数原俊治さん、主任の伊坂確男さんをはじめとして、茶道部の連中を交えた十二、三人がすでにきていた。

さっそく温泉に入れという。湯殿は円形の大きな大理石造りの湯舟で、一枚硝子の大窓からは、はるか彼方の山が見わたせるすばらしい借景であった。湯からあがると「お抹茶をさしあげます」といって、数原さんが茶籠を持ち出した。そこへご主人があらわれて、「お薄を一服さしあげたい」との挨拶である。「今、下火をいれましたので、三十分後にまた迎付けにまいります」との仰せで、一同は恐縮して浴衣を脱いで着物や背広に着替えるという騒ぎであった。

席は上段の床のある残月の間であった。掛物を拝見すると、ひと刷毛に墨を流して夜を表現し、ほととぎすが一羽斜めに飛ぶ瀟洒な絵で、落款を見ると、訥言《とつげん》（田中）であった。道具は、欄干を引き廻した四方の唐銅風炉に筒の釜、その前に、古染付竹の絵の水指が置合されていた。

ご主人がはこび出された茶碗は志野であった。何やら見覚えがあるので、点前に移られてからも目を凝らしていた。困ったことに私が正客だから挨拶をせねばならぬ。膝前へ茶碗を引いた時に、やっと思い出した。「卯花墻《うのはながき》」であった。

だが、先に言葉を発したのはご主人であった。

「今日はちょうどよいところで、来週茶会をするについてこの茶碗を持ってきていたので、本日のご馳走にご披露します。皆さんは親類の人たちだから」

こんな席にはもったいない、という気持ちが言外にあらわれていたが、三越は三井の親類だというご挨拶であった。

私はへどもどして、展覧会で硝子越しに見たことのある天下の名碗で茶をいただける幸せを申しのべた。言うまでもなく「卯花墻」は志野随一の名碗で、国宝にも指定されている。明治末年におどろくほどの高値で三井家に入ったという噂を聞いていた。

小深い形のやわらかみと、釉色のあたたかさは、鬼板の発色がいちだんと美しい見所の多い茶碗だが、茶が点てられて頂戴してみると、硝子越しで見た時に数倍した魅力が感じられた。

時代の金輪寺茶器が取り合わされて、水指、茶碗との色彩的対照はまことに美しいものであった。

「少し暑いようですから障子をあけてください」とご主人がいわれて、続いて点前に移られた。窓の外に見わたせる青葉の山はことに涼し気で、卯花墻の銘にふさわしい季節であった。点前は流麗な手順で、遠州流と承った。

客の中に私が交っていたので、益田鈍翁の話が出た。

「あの爺さんにはずいぶんいろ〳〵と教わりました。益田さんは、人の持っている物を欲しがる癖があったのには困りましたネ。道具に対する執着はそうとうなもので、この茶碗もあやうく狙われるところでした」

というのは、三井松籟さんが益田鈍翁所蔵の光悦「七里」茶碗をゆずれとたわむれに言った折に、「卯花墻」と交換ならばと迫られて閉口したという秘話を聞かされた。

箱根の三井さんは、人の面倒をよくみた親切な人で、のちに漆塗りで人間国宝になった赤地友哉さんに聞いた話によると、戦争中に仕事がなくて困窮している赤地さん一家を箱根に住まわせて、永いあいだ面倒をみられたことがあり、製作の意匠もよく指導するという隠れた徳のある人であった。

三井八郎右衛門さん

本家の三井八郎右衛門（北家十一代・高公）さんとは昭和四十年代のはじめに、竹芸指導に入門されたことによって近しくなった。

はじめに夫人の鋠子《としこ》さんが、汾陽《かわみなみ》正子さんの紹介で竹芸教室へ入門を希望されて、水戸幸の麻布宅で開いていた教室へお招きしたが、そのうちに、「主人が茶杓削りを習いたいから邸へきてほしい」という希望をのべられた。個人教授は断わっているがともかく一度会いましょうと、行って話を聞いてみると、三井家所蔵の利休や宗旦の茶杓を見本にして削ってみたいという話である。そこで私の気持ちが変わった。三井家伝来の本歌が見られるのなら、月に一度の個人教授はあえて辞すべきでない。ただちにお受けした。

もとより益田鈍翁をはじめ、三井系類会社の人たちとは旧知なので、すぐに打ち解けて親しい師弟となることが出来た。師弟といっても、私が五十歳、三井さんが七十歳の時だから、茶杓以外では私が教えていただくことのほうが多くあった。

戦後のこととて、三井本家は麻布 笄《こうがい》町に移っておられた。邸は手狭くなっても、三井家でなければ見られぬ道具がたくさんあった。

まず応接間にとおると、立ててある屛風が手紙の貼交《はりま》ぜで、利休、三斎、織部、宗旦などの筆蹟のそのひとつくが、一幅の掛物になり得るものであるのにおどろいた。ティーテーブルの硝子板の下に、一番手の古渡り更紗が貼ってあったり、数茶碗に仁清が出たりもした。

茶杓削りの稽古の前日には邸を一度たずねて、本歌を蔵から出してもらって一日借りうけ、利休なら利休の茶杓に似合う竹を収蔵の竹の中から選んで、曲げて下削り元曲げをつくって、つぎの日に持ってうかがう。そこでご主人は、利休や宗旦の茶杓をそばにして写しを削りあげるのである。その時に私も相伴して、一本削らせてもらう約束をした。それが私のつけめであり特典であった。

茶杓の勉強は、まずその歴史の講義からはじまった。茶道の創始時代、足利義政と村田珠光の時代の茶杓の話を申しのべる。すると、「義政の茶杓ならば家にございますよ」といわれた。おどろいていると「ご覧にいれましょうか」とおっしゃるので、是非にとお願いした。すぐに部屋を出ていかれてしばらく待たされたが、「どうにも蔵に見あたらないのですが、来月には出しておきます」ということであった。のちに聞くと、茶杓の寸法の箱を探しておられたが、この茶杓は二本の添え文をともなった大きな総箱におさまっていたのである。

「笹葉」という銘の義政茶杓は、その名の示すような形で、節から大きく湾曲して節上が笹葉の姿をした異形のものである。おそらく当時に渡来した中国細工の象牙製の形を竹に移したものであろう。簡は後世の追筒で、角削りの面取りに、銀字形で「笹葉」の銘、外箱は黒塗に蒔絵で笹の葉が一枚描かれ、「慈照院殿義政公御茶杓」の金文字であった。

この日は蔵に入ったついでに「御所丸黒刷毛茶碗」を持ち出されてそれでお茶を頂戴し、かさねぐくの大感激であった。このようにして三井家へ通って稽古を続け、何本か伝来の茶杓を勉強することが出来た。

夫人の鋹子さんは、そばで籠を編んでおられた。夫人は福井の松平家の出である。松平家と三井家は古い因縁であると聞いた。なかくの賢夫人で、ご主人はいちもく置いておられるかに見えた。夫人は織裁という特殊な手芸の名手であった。織裁とは和紙の色紙を細く切ったものを素材にして絵を描く技術で、三井家の夫人に代々伝えられたお家芸として、目をみはるほど華麗な大作を見せてもらったことがある。

私が稽古にいっている頃に、邸内の宗旦伝来茶席「前後軒」の保存会が出来て、表千家の茶人たちが集まって月釜を催すようになった。そのためにご主人の点前を拝見することがたび〳〵あった。

上手ではないが、悠揚迫らざる立派な点前であった。

竹の教室、竹樂会の展覧会が三越本店で催される時は、かならず茶杓を出品して華を添えてくださった。ある時は、ともに食事を頂戴したり、大磯の別荘に在った織田有楽伝来茶席「如庵」の見学に連れていってもらったり、だん〳〵と交流が深くなった。

何年か経ったある真冬に夫人が脳血栓を起こされた。明け方に植木の霜よけを心配して寒気を冒して庭へ出て倒れたのである。一時の重態は脱したが、言語障害がのこって伊豆韮山の温泉療養所へ移ってしばらくおられた。

ご主人は自ら車を運転してたび〳〵見舞いに通われた。伊豆の気候風土が気に入って見舞いにゆくと温泉へ入って二、三日滞在するのを常とされた。

その頃は、私もたび〳〵長岡の吉田吉之助さんの別荘へ滞留したので、療養所へよく見舞いにいった。ご病人は人の顔を見ると、言葉に表現出来ぬもどかしさが涙となってあふれた。気性の強い人だけに気の毒であった。

しばらくの療養かと思っていたが長びいて十年近くにもおよんだ上に、とうとう回復せずに亡くなられた。

独りになられたご主人は寂し気であったが、身体はますます矍鑠《かくしゃく》として、八十八歳、九十歳の賀の祝いの茶会を催して、家伝の名器を披露して茶を振舞われた。

竹樂会の展覧会にはかならず出品をかさね、自作茶杓を展示された。

私は折を得てはおたずねし、何かと教えを請うているが、三井さんは、応援して心を豊かにしてくださる不思議な魅力をそなえた方で、お会いするたびに感銘をうげ、余韻が心にのこる。大人《だいじん》の風格というのであろうか。

吉田吉之助さん

常住院遠雅日幸居士
秋岳院法徳日幸居士

昭和六十年十月二十九日はこの両人の十三回忌にあたり、追悼の会を催すから出席してほしいという通知があった。

戒名ではおわかりにならないと思うが、吉田吉之助、吉田幸之助の父子で、古美術商水戸幸商会の先々代、先代の主人であるといえば知る人も多いことと思う。

私にとって吉田吉之助さんは、人生の師匠であり、先輩である。息子の幸之助さんは少年時代から親しんだ友人であった。

秋も深まったこの日の夕べ、ホテルオークラの春日の間に寄り集まったのは、吉田家家族、親戚をはじめ、知人、古美術関係者、古美術商などのうちでごく親しくしていた人たち二百余名で、開会とともに客筋である畠山清二さん、吉田家三代と交わりのある林屋晴三さんの語る思い出話に諸氏の追懐談が続いて故人を偲んだ。

参会した人数の四分の一は「水戸幸会」と称する水戸幸出身者の親睦会に属する人たちである。業界には珍しい団結の堅い集まりだと聞いたが、その源となったのは吉田吉之助氏で、この人の薫陶をうけて育った人たちの、枝葉の繁栄を目のあたりに見て、吉田家と生涯にわたる長い縁《えにし》に結ばれた私は感慨を催したのであった。そしてこの機会に吉田吉之助という人の面影を書き止めておこうと思い立った。

吉田吉之助さんを語るには、その実兄にあたる吉田五郎三郎さんを忘れることが出来ない。

吉田五郎三郎氏（赤坂水戸幸の祖）は、明治の終わり頃に父から中道具の商売をゆずられたが、ある時岡田孤逢庵という茶の湯宗匠に接触する機会があって、茶の湯の味わい深さを知り、茶道具の如き高級なものを扱う商人になりたいという志を持つようになった。もとより茶道具という伝統のある商売は、家柄、身分、仕来り、作法、教養の必要な閉鎖的な業界で、なか〳〵その雰囲気に馴染めず、商売もむずかしい。五郎三郎氏は何度も挫折せんとする心に鞭を打って目的を追求したが、運よく山下汽船社長の山下亀三郎氏の知己を得て、人柄を愛され取り立てられるようになった。

やがて山下氏は、友人で大阪の財界人である筒井氏の令嬢富子さんを、まだ独身であった五郎三郎氏に妻《めあわ》せることとなる。美術商が客の仲人で嫁をとるということは、一生取引を保証されたようなもので、それ以来山下氏は、水戸幸ひとりを通じて道具を買入れることになったのはもちろんのこと、銀行取引の保証をしたり、客先を世話したりの絶大な後援を惜しまぬようになる。

むずかしい茶道具の業界も、立派な後楯を得て順風に帆を張ったように力をのばしてゆく水戸幸をうけいれ、五郎三郎氏も懸命に勉強に打ち込み、時を経ずして一人前の茶道具商たり得たのである。人に秀でた才能に恵まれていたゆえでもあるが、この人の陰には、怜悧な母親と、才女なる新婦富子さんの内助の功が大きな力となったのである。

時代もよかった。第一次世界大戦の影響は日本に好景気をもたらし、とくに船舶会社の山下氏の繁栄は、水戸幸にも同じく上昇の好機をもたらした。以来二十年のあいだに、赤坂仲之町に邸を買い、井の頭と軽井沢に別荘を建て、時には益田鈍翁など最高峰にある財界茶人を招いて茶事を催すまでにいたった。

この稿は五郎三郎氏の実弟、吉之助氏のことを書くのが目的だから、兄さんの話はこれくらいで略するが、機会を得て、水戸幸出世物語を世に伝えておきたいと思っている。

さて、吉之助氏は十五、六歳の小僧時代から兄について商売を習った。仲間の市にも、売立て入札の会場にも、客先へも一緒に廻り、年の隔たる兄を師と仰いで懸命にまなんだ。しかし茶の湯の稽古と接待だけは嫌いで、いつも逃げて手伝わなかった。いちばん好きなことは売買で、とくに競りの市で、人の上に出て品物を買い落とすことに異常な快感を感じたという。高く買ったその品物がはたして利を得て売れるかどうか、というスリルを味わうのもこの人の性格にかなっていたらしい。

このようにして何年か経つうちに兄の五郎三郎氏は、茶会を催して客を招き、趣向によって物を売る茶道具商らしい商いをするようになり、吉之助氏は仲間の業者を相手に売買をする型の道具屋にと、異なる道を歩むようになってゆく。

兄は赤坂の邸にこもり、弟は京橋鞘町の店を本拠として商戦を展開した。

私の父が吉田五郎三郎氏を知ったのは、本来の仕事に失敗して余技の籠つくりに生業をもとめようとして相談にいったのにはじまる。話してみると株式投資と義太夫の趣味が一致しているところから、たちまち親しく交際するようになったが、やがて京橋からの注文にも応じて籠の修理などを引き受けることによって吉之助氏とも知りあうようになった。

ある時、京橋が不昧公所蔵伝来の唐物芭蕉籠花入を仕入れた。赤坂がゆずれといったがいっこうに値が折合わない。昭和五年に一千円という高い買い値だったので赤坂は利付けが出来なかったものらしい。ところが五郎三郎さんは借りてあったその籠をこっそりと私の父に写させてしまった。巧みに出来て本歌そっくりなのでよろこんで花を挿して楽しんでいるところへ京橋がきて、兄弟喧嘩になった、そんなことがあった。

この時分から商売という面では弟の吉之助氏のほうが盛況であったのではないかと思う。

赤坂は数寄者の道を歩み、買った品物を売りたがらぬ傾向があったので蔵は豊かになっても金は乏しいという、商人としてはむずかしい生き方にむかう傾向で、苦労も多かったのか四十五歳の若さで心臓病を重くして世を去ってしまう。その短い生涯に赤坂の邸、井の頭、軽井沢の別荘をつくり、茶人としての盛名と蔵いっぱいの道具をのこしたのだから、現代ではとても想像も出来ぬほど老成していたものだと、おどろかざるを得ない。主人急逝の危機を迎えて店をささえたのは、未亡人富子さんと若い番頭中村雄造（二十歳）、中島洋一（十八歳）の団結であり、京橋の吉田吉之助氏の後楯であった。

吉田吉之助氏はもはや一流の道具屋に成長していたが、まだ三十二歳の若さであった。若いだけに商売の勢いもよく、東奔西走、九州から東北まで飛び廻って激しいはたらきぶりであった。その勢いを象徴するものとして、「京橋へいって伊賀の花入を見せてくれいうたら、名品ばっかり五本もずらっとならべよった」と、大阪一流の春海商店の三尾邦三という大番頭が評判をしたという噂が伝えられている。三尾邦三という人はのちに代議士に立候補して、古美術界に政治力を導入するのだと意気まいた傑物であるが、政治資金の一部には吉田吉之助氏の援助があったということである。

吉田吉之助さんを思い出そうとする時に、私はどうしても若い頃の姿を思い浮べることが出来ない。頭が綺麗に禿げて艶々とし、いつも福々しい温顔に微笑をたたえた晩年の風貌があらわれてくるのだ。

私は優しい面を知るのみだが、その温顔もひとたび取引となるときびしく頑固に、昔以来の商法を崩さぬという面で恐れられていたということである。

生涯を売買と鑑賞に打ち込んできたこの人は、人間的には善い人でも商売の道にはきびしく、仲間の中にはよく思わぬ人もあった。本来道具屋という商売は孤独なもので、生涯親友は得られぬといわれるほどである。天下の宝物を扱って幸せな仕事だと羨しくもあるが、反面では激しい闘いの場をふまねばならぬむずかしい商売なのであろう。

ある日のこと「踏みもないくせに人に食い下がりゃがってクジを引かせろなんてキタない奴がいるんだ、今日は駄目だよっていってやった」といって怒っているのを聞いたことがある。

競りでのぼりつめて同じ値の者が何人か出ると競走相手は籤を引き、負けた者には品物をあきらめてもらう代りに、何がしかの金をはらう慣習がある。これを利用して巧みに食い下がって小遣い稼ぎをする仲間のことを、悪しざまにいったのである。

晩年の吉之助氏を見ていると、盛大に闘って骨董界を牛耳っていた時代を思い出して寂しくないだろうかと推察することがたび〳〵あった。

昔は、周囲が千円といえば二千円と、とびはなれてかならず品物を手にいれねばおかぬ獅子のような勢いだったが、社会状勢の激変にともない、骨董界と美術商の体質が変わって、吉之助氏のような古い型の道具屋さんには、商売のむずかしい時代になってしまったからである。「京橋の親爺《おやじ》さんは遅れている、昔は目利きだったが」という批判を聞くこともあった。しかしけっして吉之助氏の鑑識眼が衰えたわけではないと私は思う。専門としていた茶道具類の退潮の時代に入り、現役を退いた弱味に加えて、現代的な商取引のテンポについていけなくなったのではないか。

不幸は、七十歳の半ばを越してからひとり息子の幸之助さんに先立たれる非運に見舞われたことであった。孫の誠之助さんは早稲田大学を卒業して家業を継ぐ決心をしていたものの、いまだ未完の青年であった。

「孫を一人前に育てなきゃ」という使命に奮い立った吉之助氏は、急に若返って見えた。それからは商売の場にかならず孫を同道して教育をはじめたものである。その頃にはまるで昔の面影が蘇ったようで、京橋時代の水戸幸さんを見るようだといわれたが、その鋭気にともなってよい品物が集まるようにもなっていった。商取引が多くなり、旅行もたび〳〵で、だん〳〵年齢と健康の状態を忘れていったのかもしれない。その間に孫の誠之助氏は、祖父と一門の期待をになって急に成長を遂げていった。金高の取引が出来るようになり、推されて美術倶楽部青年部部長の名誉職にも就いた。

吉之助氏が死病に倒れたのは、ちょうど美術倶楽部の交換会の席上だった。会の最中に脳に出血を起こしたという話を聞いて、私には思いあたることがあった。

かつて吉之助氏をたずねた時に、ちょうど今、交換会から戻ったばかりということがときぐ〲あった。

「ははあ、今日は会があったな」とすぐにわかるほど、いつもの笑顔が消えて、変に目が鋭く血走って、何やら殺気のようなものが感じられたのだ。それほど仲間の売買はきびしいものなのであろうし、道具屋にとってそこは戦場であるにちがいない。

競りならば業者が車座になって廻ってくる品物を見るのだが、ひとりが三十秒も眺めていない。一分もひねくり廻していれば罵声が飛んでくるから、素早く鑑定し、傷や繕いまで見届けねばならない。会主が「九谷の鉢、さあ、いくら」と声を発すると「〇〇円」と一番に声をあげる発句から何人かが競って高値に落ちるのだが、その間には駆引きがあり、謀略があり、人に負けたくない商人の意地や見栄もあって、各人の心理状態が複雑に交錯する。結局は当人の実力だが、家柄や信用があってなお買手の客を背景に持つ者はヤリが強いのはいうまでもない。道具屋ほどアクが強く個性的な商売はなく、ひとりぐ〲が一国一城の主《あるじ》なのだから闘いは熾烈を極める。すでに心臓病を煩っていた吉之助氏が、禿頭から湯気の出るほどの興奮状態を続けるのはどだい無理で、血管はその圧力に耐えきれず、ついに蜘蛛膜に出血を起こしてしまったのであった。

それは、あたかも戦場ではてた名将の最期にも似た華々しいものであった、と言い伝えられている。

七十八歳でまだ元気いっぱいの日常だっただけに惜しまれて去ったが、考えてみればさんぐ〳〵好きな酒を飲み暮らし、道楽をし尽して、何より好きな商売の場で人生の幕をおろしたというのは、ご当人にとってはまことに本望であったろうと察せられるのである。

私は吉田吉之助氏を子供の頃から知っていた。

前にもいったとおり、父の代からのつきあいで、一時は月給をもらって専属に仕事をしていたほどだから、よいところも悪いところも知り尽している。その上で評すならば、この人ほど古きよき時代の、昔者の魅力をのこしている人物は珍しかったように思われる。人情に厚く、情にもろく、義に強い上に、常人よりひとまわり桁はずれで常識の枠を逸脱したところがあり、あくまでも自己の世界を生き抜いた一種の変り者だったが、恬淡とした性格はあくまでも江戸っ子らしく、巧まざる諧謔《ユーモラス》的な日常は味わい深いものであった。

私は子供の頃からこの人を〝旦那〟と呼び慣わしていた。商家の主人は皆旦那であり、妻は〝おかみさん〟と呼ばれていた時代の〝旦那〟の権威は絶大なものであったのを思い出す。旦那が晩年に入る頃には、私も成長して骨董が買えるようになり、客の立場にもなったが、旦那は「売ってやる」「教えてやる」という姿勢を変えず、私もまた昔の関係を忘れずに〝旦那〟と敬ってつきあっていた。この人は亡くなるまで私にとって旦那だったのである。

私は十九歳で父を失った。

父のあとを継いで二代目瓢阿を襲名してしばらくしたある日のこと、当時は京橋鞘町の東中通りに水戸幸の店があって、その前をとおりかかると、「おーい瓢阿さん、瓢阿さん」と呼び止められた。何ごとかと店へ入ってゆくと、「何でもいいからつくってお いで、全部買ってあげるからね、何十点でもいいよ」と藪から棒に注文をいいつけられた。

不審に思って私は狐につままれたような顔をしていたらしい。「お前が親孝行で感心だから。今、おっかさんがきて親父が死んだあと息子が大事にしてくれるってよろこんでいたよ」というのである。このように情にもろく、感激しやすい根っからの江戸っ子気質だった。

だが未熟な私の作品が、ただちに旦那に納得してもらえ、商品になったわけではなかった。品物を届けにいくと番頭のひとりが「なんだいこれは、まるで焼いも屋の籠じゃないか」といって放り出してはずかしめられたこともあった。

私はいつまでも迷惑をかけていてはいけないと一生懸命に勉強に打ち込んで、それから一年ほどで到達した進歩を、あきらかに作品の上にあらわすことが出来た。そのはやさも若かったがゆえであろう。二年後に催した父の遺作展に併せて展示した私の作品を見た旦那は、はじめて感心して「今月からは定まった月給をあげるから本気で勉強しておくれ」といって、私はそれから正式に店から奨学金をもらって時代籠の研究に打ち込むことになった。

旦那は当時三十五、六歳。脂ののりきった一流の古美術商の列に伍して、京都、大阪、名古屋、金沢、九州を飛び廻って八面六臂の活躍ぶりであった。前にも書いたとおり客扱いは下手な上に性に合わぬといって、仲間取引の真剣勝負を好んだということである。

扱う品物は茶道具をはじめとして、中国陶器におよび、この人の手を経た重美、国宝級の名品は数知れぬほどで、その売買は激しいものであったにちがいない。戦中戦後にかけて時代の変動による美術品の大移動に遭遇したわけであるから、折しも美術倶楽部重役の席にあった旦那の大車輪の活躍はめざましく、この人の手を経た名宝名器の数はおびただしいものであったと聞かされたが、その間は中国戦線にあって日本におらず、戦後は逼塞していた私にはあとで知った夢のような話であった。

だがこの人には甚だ惜しまれる弱点があった。文字の物はわからぬ、楽茶碗と茶杓は嫌いだという偏《かたよ》った好みである。いつのことか田山方南氏を評して「紙くず屋の爺イ」というのを聞いた。言い得て妙とはいいながら、旦那にとって古い紙切れをひねくり廻してとやかくいっているのは性に合わなかったにちがいない。それらが生涯に大きな損失を招いたこの人の欠陥部分だと残念に思われてならない。

旦那が引き受けた名流の蔵の中にも書の物や、楽茶碗や茶杓が数多くあったというが、嫌いだという理由で仲間に安く売ってしまった。おどろいたのは因果経の一巻を「仏の物で儲けるのはイヤだ」といって捨値で売ってしまったという話である。

私が旦那と再び往き来をはじめたのは戦後の混乱もだいぶおさまった昭和三十年代半ばのことで、もう旦那は隠居をして京橋の店を引きはらって伊豆に住み、麻布市兵衛町（六本木）の息子幸之助さんの邸の一隅に小さな数寄屋を建てて、時には東京で老後を楽しむという時代のことである。

よく遊びにいっては何かと教えてもらったが、それがまったく昔風の目利き指導で、秘訣というのは「支那のやきものはね、手でこう縁をなでてみて、痛ければ唐物まちがいなし」とか「釜の鐶付の穴は大きいものが古い」とか、甚だわかりよい鑑定法で、現代の科学的な鑑識学とか研究的な分類からみると馬鹿〳〵しいようだが、一面の真理をふくんでいるところがあった。

ある時、砧青磁の下蕪の花入を見せられたので、

「それは龍泉窯というのですか」

とたずねた。すると変な顔をしているので、

「官窯でしょ」とかさねていうと、

「かんようじゃないよ、砧だよ。青磁は砧の手がいちばんいいんだよ。いいかい、この色だよ、覚えておきなよ」

新しい分類など全然知ろうともしない人であった。

なるほど昔は青磁といえば砧、天龍寺、七官と三手に分けてそれでことが足りたのである。中国戦争以来、占領地の窯跡発掘が順次おこなわれて研究がすすみ、戦後は外国

人の研究も取り入れて、今日のような窯別、時代別の分類陶磁学が出来あがったと聞いたが、昔の目利きを固持する旦那にそんな七面倒くさい鑑定学など不要であった。それより品物がよいか悪いかがいちばん大事な目利きだったのである。これも一面商売道の哲理であったかもしれぬ。

旦那はよく「この品物のどこがよいかわかるかい」といって私を試験した。「ここがよいと思います」と指摘すると、正解ならばよし、まちがっていれば見所を教えてくれる。茶碗ならば高台がよいとか、土味がよいとか、形がよいとか、口造り、絵付、轆轤《ろくろ》目、篦《へら》目など、かならず見所がある。見所のないものは買ってはいけないと教えられた。自分の美意識の枠を持てということなのだ。また「物がわかるだけじゃだめだよ。踏みがなきゃ目利きじゃないよ」ともいった。品物の評価が出来なければ、というのだがこれは玄人のための教訓だと聞き流していた。

この人の商人気質は確固としたもので、たび〳〵感心させられたが、ある時交換会で巧みに共繕いした志野の鉢を買ってしまった。近年になって共繕いの技術が巧みになったのと、旦那の老眼がすすんで傷を見落としたのが失敗だったのだが、これは旦那にとって大きなショックだった。ただちにこの鉢を傷のある値で売ってしまった。

何百万かの損失だったが、それが昔者の良心だった。それを買った若い人は、すまして傷のない値で客におさめて儲けたということである。

またある時は私が旦那から青貝の香合を買ったことがあった。厚貝の名品だったが繕いがあるので仕入値は安かったらしい。

「いくらですか」「三十万」「いただきます」「あ、これはちょいと」「駄目なんですか」旦那の顔を見ると紅潮していつになく動揺している。私は直感して「じゃいいんですね」と念を押して香合を箱におさめてしまった。旦那は「まあいいや」とかちょっと口の中でもぐ〳〵いっていたが、あとで店の者に聞くと、繕いを直して高く売るつもりでいたらしい。急に値を聞かれてうっかり油断を突かれたのは猿も木から落ちるの譬《たと》えどおりだが、旦那の立派さは一度口に出してしまった値段を訂正するのを商人の恥としたところにある。ゆるぎない商人根性と、値段というものに対する厳正な姿勢が感じられたのである。

義理に厚く、人情にもろい半面があって、そこを突かれるとぽろっと降参してしまうのもこの人の泣きどころで、私はその手で名品をせしめたことがある。

私がそろ〳〵還暦の茶会を計画しはじめた頃だから、昭和四十年代に入ってからのことである。

正月といえば元旦からかならず旦那の伊豆の別荘へ遊びにいったもので、その日もよく晴れて丹那トンネルを出ると、純白の雪を冠した富士山を仰ぎ見ながら、電車は三島を左折して伊豆半島へ入ってゆく。長岡へいけば買える美術品のことを思い描いて、何やらわく〳〵した期待感に胸をふくらませるのを常とした。

玄関をあけて「こんにちは」と声をかけると同時に、「さあ温泉《ふろ》へ入っといで」という旦那のセッカチな声が奥からひびく。

広い湯舟の温泉に浸かって出るのを待って、「今日は何を見せようか」と甚だテンポがはやくて快いのだ。

そして蔵へ案内すると十二、三点の品物を何かと取りまぜて見せてくれるのだが、この日は私は存星の香合が気にいって母屋まで持ち出してきた。

存星は紅花緑葉のような作で、器全体は木彫りだがその上に堆朱と色漆の手法が加えられた精巧な名作であった。気にいって「これが欲しい」といったが、「珍しい作行きで一生のうちで扱った類品がない、参考にのこしておくんだ」といって断わられた。

外箱は黒檀で、中に桐を嵌め込んで香合の形に刳ってある。蓋表に銀の字形で「存星」、蓋裏に古筆の極めで「小堀遠州存星之二字正筆紛無之」などと貼札がしてある。袋は古渡の緞子であった。

香合の蓋の甲の図は虎に竹、側面は朱と黄と緑で交互に彩色されている模様の形式が万暦頃のものという感じである。

「そろ〳〵還暦茶会の道具をあつめたいんですが、私は寅《とら》年なんで是非この香合をゆずってくださいませんか」

と食い下がってみたが、旦那はよしといわなかった。

その日も三津浜の新しい魚と酒で夕食をして床についたが、存星の色漆の美しさが目にのこって寝つかれない。

翌朝ははやく起こされて温泉へ浸かった。旦那は禿頭から湯をかぶりながら、

「あの存星は持っていっていいよ」

といった。

決断のはやいこの人がひと晩迷ったのだから秘蔵のものだったにちがいない、と有難味がいや増した。情にもろいから、「還暦につかう」などといわれるとポロリと落ちてしまう優しさがあったのだ。

私は躍りあがってよろこんだが、この香合がお役をつとめたのは十五年ののち、古稀の茶会の時で、旦那はすでに世になく、晴姿を見てもらうことが出来なかった。

話は前後するが、旦那が私に与えてくれた教訓でもっとも忘れ難いのは、私が戦地から帰った時に片脚を失ったと報告すると、「そうか、それじゃお前はこれからよくなる」いった謎めいた言葉であった。

その意味が理解出来たのは私が年老いてからである。旦那もまた幼時から身体的な欠陥を背負って生きた人であることを考えあわせて、若い頃に名人とかいわれ思いあがって暴走しがちだった私を戒めたものにちがいない。人の将来を予見する天性はこの人のものであった。


旦那はいつも「お前たち目利きになっておくれよ」と言い〳〵した。永年道具屋の小僧さんを教育した癖であろうか、まるで道具屋の卵を導くような言い方であった。

旦那はゆるぎない鑑識眼を持っていたが、先にも書いたように一時代前の骨董学だったので、時におかしいこともあった。ある時、

「今日、三津五郎さんのところでよい須恵器の花入を見ました。それがね」

といいかけると、

「スエキ？　なんだいそりゃ、外国物かい」

という返事である。

自分の好まぬものは覚えようともしない人で、己れの考えること、言うことが世界でいちばん正しいと信じて疑わず、しっかりと自分の世界をつくりあげて微動だにしない姿勢は、立派なものだと感心させられた。

このような人だから、多くの逸話をのこした。

終戦直後のことと聞いたが、汽車の中でひとりの学生とむかいあって席をとった。真面目そうな若者なので何かと話しかけると、はたらいて学校へいっているという。おおいに感心した旦那が、何か売って歩くのかとたずねると「アルバイトです」と学生はこたえた。

「アルバイト？　なんだいそりゃ、まあ何でもいいや、持っておいで、全部買ってあげるから、そのアルバイトって物を」

有名な珍問答である。

またある時、私が「旦那ももう年だから、コレステロールを調べなきゃいけませんね」と注意をした。「コレステロール？　フランス料理かい」、これも言い得て妙ではないか。語呂が似ているばかりでなく、フランス料理にコレステロールが多いところはおのずから洒落になっていた。

ある夏のこと、業者の会が箱根の同業者の別荘で催された。気のはやい旦那は例の如く早々に出かけたまではいいが、となりの別荘へまちがって入ってしまい、勝手に雨戸をあけて掃除をすませて一服喫っていると、庭を隔てたむこうの家の縁側に今日の連中の顔が揃っているのが見えた。

常の人ならばここで「あ！　俺はまちがえた」と気がつくのだが、旦那は常人ではない。「おーい、こっちだよ、こっちだこっちだ」と大声で呼びかけたというのである。

いつの時でも自分がいちばん正しいと信じて疑わない天真爛漫さは、巧まずして諧謔を生んだのである。

つるりと禿げた形のよい頭と名僧のような悟りきった笑顔。

主人のくせに昔からいつも店の前を掃いて水を撒いていたものだったが、その習慣は死ぬまで続いていた。

いい品物がくると電話がかかって「名品が入ったから見においでよ」という。行くと紫の大帛紗をひろげて品物を置いて見せてくれる。この人は先に箱を出す茶道具屋らしい見せ方をしない。品物本位の目利きぶりがそのあたりにうかがわれた。箱書や箱行きや伝来はあとから見せて、箱や紐や仕覆、外仕覆のこと、また伝来を示す蔵見出しや鑑蔵印、極札の見方とその真贋も教えてくれたものであった。

実力と努力によって一生をはたらき抜いてきた人間の、自信と優しさにあふれる人格に成長した立派な晩年の旦那には、まなぶべき多くのものがあった。

時には若い頃の苦労話を聞かせてくれたが、努力家の上に勘のいい人で、三十代にして一流の古美術商に伍して取引が出来るようになり、東京の中央に居を構えた強味を利して、客先に益田鈍翁をはじめ三井財閥の人たち、のちに美術館をつくった「わかもと」の長尾欽弥氏や「荏原製作所」の畠山一清氏などに出入りして天下の名品をおさめた。

だが生来この人は、面倒くさい客扱いより仲間相手の修羅場が好きで、飛び込んで金高のものを買いあげる男性的な商取引に生き甲斐を感じていたもののようである。

お茶はやらないが勘のいい人で、よく茶道具の真髄をつかんでいた。

昭和十二年頃のことであった。ある時鞘町の店へいって旦那と用談していると、ある財界茶人のお茶頭をつとめている茶の師匠がたずねてきた。

「明日の茶会はね」といって、たぶん旦那も招かれている茶会の道具組みをこと細かにしゃべりはじめた。

「あなた、どうして取り合わせを前もっておっしゃるんです。楽しみが半分になってしまうじゃありませんか」

と旦那がたしなめたのを覚えている。

茶会は道具の組合わせと趣向に、教養と機知の遊技的要素が加味され、ある時には客の意表をつく意外性も隠されているので、事前にはもらさずにおくのがよい。それを注意したのだ。最近の大寄せ茶会などでは前もって会記を配布して取り合わせがわかってしまうので、興味と期待が半減してしまう。

またこの人ほど古美術に取り憑かれた人は珍しいと、さまぐ〵な日常のありさまが思い出される。

寝る時も枕元にその日入手した茶碗などを置いて眠るまで眺めていたり、夜中に突然起きあがって同年のものを蔵から出してならべてみたり、朝起きてから夜寝るまで道具を眺め暮らし、茶渋を洗ったり、仕覆や外仕覆を取りかえたり、外箱をつくらせたり、納得のゆくまで道具の次第をよくしなければ気がすまず、それがいかにも楽しくてたまらぬという法悦に浸っているのが感じられた。

このように執着が深いだけに交換会では強気で、若い頃からこれという品物はけっして人にわたさず競り落としたということである。一度持った品物は、あきらめよく売ることを商人の宿命と悟っていたらしいが、時には売ったあとにも忘れることの出来ないものがあって、「あの品物が見たい」と売り先をたずねることがあった。

私がゆずってもらった存星の香合はとくに執着があったらしく、ある年、心臓病で倒れて入院したと聞いて見舞うと、命が危ういという時に「あの香合を見せてくれ」といったのには少々おどろかされた。

病室には壁に秋月の真の山水を掛け、傍らに名品を組み込んだ不昧公伝来の茶箱が置かれてあった。

「さっきの菓子でお茶を点ててておやり」というと、おかみさんの春子さんが茶箱をあけて茶を点ててくれた。染付雲堂手の茶碗は名品だった。「このお菓子、大阪のAさんがくださったのよ」とおかみさんが業者の名をいって、「旦那ったら寝ながら商売してるんだから」と心配気にベッドの旦那をかえり見た。

小山冨士夫先生が編纂の主任で『赤絵』の豪華本をつくった時の話がある。旦那の所蔵になる万暦赤絵の刀馬人壺の取材が依頼され、撮影のために伊豆の別荘へスタッフが訪れることになった。

約束の時間が過ぎてもあらわれない人たちに、気の短い旦那は門を出たり入ったり。やっと車がついて小山先生を先頭に、カメラマンと出版者の人を交えて六、七人がどやどやと玄関に入ってきたところ、「約束どおりに来なきゃ駄目じゃないか」と、いらいらしていた旦那は大声で小言をあびせかけた。

しかし、すぐに持ち前の笑顔に戻ると、「ともかくお湯へお入りなさい。おーい浴衣は出ているかい、何人？　七人だよ」と奥へむかって怒鳴ったので、おどろいたのは取材の連中で、「ともかく仕事を先にさせてください」とたのんだが、「ここへくる人はまずお湯へ入ることになっているんだ」と無理やり渡り廊下を案内して、温泉にいれてしまった。

一同が湯を浴びて出てくると、もう膳が出ていて三津浜から届いた新鮮な魚とともに酒の用意がととのえてあった。

小山冨士夫先生も酒はあえて辞さないほうだから、すぐにやりとりがはじまって賑やかになった。「いやあ、取材にきて温泉にいれられたのは生まれてはじめてです」と、一同はおどろきながらも酒肴の結構を楽しんでいたということである。

何ごとにも桁はずれで面白い、しかも誠意の人であった。

中村一雄さん

中村一雄さんが逝って二十五年になる。

四半世紀も経つと中村氏と面識のあった人も少なくなったが、古い美術商や数寄者の心の中には未だに彼の面影が生きているらしく、何かにつけて思い出話を聞かされ、私もまた、ともに語ることが多い。

彼は、一商人として傑出していたばかりでなく、魅力的な言動に富む美丈夫であったことも語り草になって、中村氏と厚く交際し、美術品のやりとりをした数寄者や収集家は、彼の鑑識を経た名品に彼への愛惜の思いをとどめているものの如くである。

私は赤坂氷川町に育って、竹馬の友としてともに成長した仲なので、一冊の本を成すほどの思い出を持つのだが、この稿は公人としての中村一雄氏を語るべく、十二年前におこなわれた彼の十三回忌茶会の記述から申しのべてゆきたいと思う。

昭和五十年四月二十二日に「青々露一中村一雄追善茶会」が東京美術倶楽部の一階を借りきって催された。

前日の大師会二日目に大雨を降らせた菜種梅雨が、からりと晴れて春たけなわの好日となったのはこの日の会主、吉田清、中村静雄、中村菊雄の三兄弟の、兄を憶《おも》う心が天に通じたものであろうと客はささやきあった。

去る者は日々に疎しというが、練馬の広徳寺にある中村家の墓前に香華を手向ける日が、それほどかさなったとも思わぬ間に十三年とは、うたた星霜のはやさにおどろきをのべる客もあった。

享年四十九歳。惜しみでもあまりある早逝であった。中村一雄氏の晩年の活躍はまことにめざましく、このままますすむならばその才幹は、近い将来に古美術界の指導者の地位につくものと期待されていた。彼が描いていた夢は大きく、美術館の建設や、古美術界をあげて国の文化美術行政に参画すべし、などという理想を私に語ったことがある。病魔の魅入るところとなり、これに勝てなかったのは何としても残念である。

中村一雄氏の生家は江戸時代から続く蒔絵師堺庄《さかしょう》中村家で、一雄氏は兼一郎（蒿山）の長男として生まれた。

堺庄という家号は多くの職人を擁した蒔絵師の工房の呼称で、古くは奈良の松屋、または塗師藤重、蒔絵師五十嵐、蒔絵師幸阿弥などと同じく、一個人作家の名ではない。一雄の祖父荻野庄兵衛は堺庄工房の指導者で、ひとかどの人物であり、名だたる数寄者として当時の主だった茶人方に出入し、益田鈍翁の茶会記にまでその名をつらねたほどの器量人であった。その庄兵衛が孫の一雄の修業の場として水戸幸の店を選んだのは、自分の道具好きから孫は道具商にしたいと望んだものであり、同じ京橋鞘町の町内に住む縁故と、仕事の交わりが深くあったがゆえである。

時に一雄は十一歳。水戸幸先々代吉田五郎三郎との結びつきのはじまりである（五郎三郎はすでに赤坂仲之町に邸を構えて赤坂水戸幸と呼ばれていた）。十一歳といえば小学校五年生である。まだ義務教育が終わっていないので、奉公の傍ら夜学の小学校に通うことになった。小学校に夜間部があるなどは不思議に思われるかもしれぬが、当時の赤坂小学校にはそれがあった。というのは、赤坂花柳界の近くにあるために、幼くして芸者置屋の養女に入る芸者の下地っ子のために設けられた教室であり、一雄少年は芸者さんの卵と机をならべて二年間勉強にいそしんだのである。

店においては、小僧さんとして天性の利発さによって、ただちに頭角をあらわした。五郎三郎と富子夫人はわが子の如く可愛がって、将来を楽しみに熱心に養育にあたったのである。よい小僧さんとしての一例に、電話がかかれば真先に立って取りつぎ、てきぱきとした応対には一分《いちぶ》の隙もなく、客の電話番号はすべて暗記していた。

店員としての名を「雄造」と名づけられた。茶道具商では、店の者に「蔵」か「造」などの字をつけて呼ぶ昔からの慣習がある。将来蔵を建てる、また身代を造るという縁起をかついでの名である（以下雄造という通称で書かせていただく）。

雄造は十五、六歳になると独り歩きをして、何か品物を掘り出してくるようになった。主人はその鑑識眼の並々ならぬのをひそかに見抜いていたが、言葉に出してほめることはせず、いつも幾許《いくばく》かの利をつけて買取ってやるのをもって励ましとした。

水戸幸の店は、一種の教養大学の形をなしている一面があった。漢学者、書家、画家、茶道人、歌人、俳人などを招いて、稽古日を定めて家人と店員を教育したのである。学歴としては小学校卒の雄造が立派な教養人となったのは、このように必須の学をおさめる機会に恵まれた環境に育ったことによるものである。

十七歳になると業界の若手だけで交換会をつくり、ここでも頭角をあらわして友人たちを先導する立場に立った。

雄造の下に中島洋一がいた。彼は雄造とは性格を異にしていたが、一種の気骨をそなえたところ、すでにして晩成すべき大器の風貌をうかがわせていた。

時は昭和のはじめ、まだ財界茶道は華やかな時代の残照をとどめて、晩年の益田鈍翁健在にして藤原銀次郎、高橋箒庵、野崎幻庵、根津嘉一郎などを頂点とする財界茶人が風雅の交わりに覇を競い、余暇を楽しむのみでなく、茶席が商談の場となることもあった。大名、富豪の大入札がたび〳〵催されて、名器什宝の争奪戦が興味深い話題として世間を賑わした。茶道具商が思うようにはたらけた、生き甲斐のあるよき時代であった。

吉田五郎三郎は明治末期に汽船王山下亀三郎の庇護をうけて最高茶人の世界に加わり、一流茶道具商の仲間入りをしてめき〳〵と売出したが、中村雄造が店へ入った昭和初期には、山澄、梅澤、中村、川部、平山堂などに伍してその人ありと知られるようになっていた。赤坂の自宅、井の頭・軽井沢の別荘において、たび〳〵茶事を催しては客筋や同業を招いた。

雄造はこの主人にしたがって、年少から茶会や茶道具の何たるかをまなんだのである。

昭和八年三月二十六日に五郎三郎氏は心臓病の発作によって四十五歳の惜しい生涯をおえる。赤坂水戸幸とともに中村雄造が遭遇した大きな曲がり角であった。未亡人富子は、若い雄造、洋一の二人の番頭を率いて商売を続けるべく決意を固めた。時に雄造は二十歳、洋一は十八歳であった。京橋水戸幸吉田吉之助が後楯であった。いずれ赤坂水戸幸の主人になるべき吉田孝太郎は、大阪伏見町の老舗谷松屋戸田商店において修業中であった。

主人の急逝は雄造の成長をうながした。時を経ずして本領を発揮する機会が与えられたのである。富子夫人が主人の座にいたとはいえ、若い二人は商売を任されたことによって、めき〳〵と実力を加えていった。

当時の社会状勢を申すならば、満州事変が拡大して中国戦争に移り、軍需産業の興隆をうながす端緒となって日本はようやく永年の不景気から抜け出そうとしていた。一方には、あまりに貧富の差の甚だしさと上流階級の腐敗を憂慮して、社会を改革しようとする気運が胎動しはじめていた。日本を現状から変えねばならぬという運動は、図らずも社会主義者と国家主義者、即ち左右両翼の若者たちにより、それ〴〵の主義にしたがって欝勃たる低流となって、まさに日本を覆す寸前にいたっていたのである。この動静をうけて共産主義者の弾圧が激しくなり、右翼は浜口首相の狙撃や團琢磨の暗殺に運動の露頭をあらわしはじめ、ついに昭和七年には五・一五事件が起こって日本を震撼させたというような時だった。だが日常は平穏で、庶民生活には大正デモクラシーの自由な気風が蔓延していた。

やがて日中の戦争は拡大の一途をたどるのだが、皮肉なことにそれにつれて景気は上昇していったのである。

本編の主人公、中村雄造の生涯を回想してみると、軍需景気によって肥満した財界とともに成長し、やがてくる敗戦のあとには、旧財閥の没落と新興収集家の勃興による狭間にあって大飛躍をなし遂げたとみることが出来る。まさに時代の寵児といってよいかもしれない。

雄造の協力者として店をささえていた中島洋一は、一風変わった青年であった。この人の幼児体験に何があったかは知らぬが、骨董商という仕事には批判的で、「いやな商売だ」と評するのをたびたび聞いた。今にして思うと、そのいやな商売に一生涯携わって大成したのだから皮肉なものである。

私がはじめて銀座のカフェにいったのは洋一君に誘われたものであった。二丁目の東京会館という大きな店ではじめて飲んだビールにたいへん酔ってしまったのを覚えている。洋一君は、「君のような純真な人と交際したい」というようなことを繰り返していった。彼が骨董商に奉公する同年輩の者たちとの交わりを嫌っていたところから発した言葉であろう。一方にのんびりとした家庭に育ち、中学校の傍ら川端画学校に通う箱入り息子だった私が純粋な人間に見えたにちがいない。洋一君と遊んだのはそれ一度きりだった。彼はやがて大和屋の番頭、蓑作造（のちの半農軒）と仲良くなって、商売や遊興をともにするようになった。私は趣味を同じくする雄造氏と仲良くなった。

その頃から、雄造氏はたび〱私に籠の注文を発して仕事上の交わりが濃くなったという事情もある。

彼は私の作品を買いためて展覧会を開く企画を立てていた。甚だ老成した商人ぶりだといえようが、この展覧会は昭和十五年に数寄屋橋の数寄舎画廊において開催され、大成功をおさめたのである。

今にして回想すると、その時代の若者は皆、風雲をはらんでいたように思われる。数年後に雄造の末弟清氏が水戸幸へ奉公に入り、庄造と名づけられた。のちの赤坂水戸幸主人、吉田清氏である。

戦時色はいよ〱濃厚となり、昭和十七年には雄造氏が召集をうけて中国戦線に送られた。昭和十八年になると私が満州に出征した。中国南部から手紙をくれた雄造氏は、「うら成りの瓢もこの度関ヶ原　お国の役に立ちしうれしさ」という狂歌を添えて瓢阿をからかった。それから二年にして敗戦。二十年、二十一年と続いて復員して帰国、赤坂の家を戦災で焼かれた吉田の一族は井の頭の別荘に寄り集まってしばらく生活することになった。私も疎開やもめの身を三年間も水戸幸一族とともに暮すことになる。

戦後の中村一雄氏の歩んだ道はよく人の知るところである（ここで一雄の本名を用いるのは、雄造という番頭名を脱皮して飛躍を遂げる時代に入ったからである）。

戦争の空白を埋めんとしたのか、八面六臂のはたらきぶりがはじまった。

戦争が終わって中村一雄氏が帰還したのは三十一歳の夏であった。

それからの十年間の昭和二十年代は、彼が大きく飛翔した年代である。東急の五島慶太氏に愛されて、その美術収集の相談役として美術館建設の影の功績者となったのはこの時代からであり、世界救世教教祖・岡田茂吉氏に信頼され、美術館の母体をなす名品を納入したのも中村一雄氏であった。旧財閥を離れた美術品は、彼の手を経て新興財閥の蔵へと流れ入ったのである。

目を疑うほどの名宝がつぎ〳〵と井の頭の別荘へ集まり、そしてつぎなる収集家の蔵へと移動していった。

それらは前にものべたとおりに、敗戦とともに進駐した連合国軍とＧＨＱによる日本改造政策によって解体された財閥と、農地改革や財産税の徴収による富の平等化にゆすぶられた財産家が、換金のために美術商の手にゆだねた古美術、書画骨董である。天下の名宝は申すにおよばず、およそ財産の範疇に入るほどのすべての品物におよんだと見えるほどで、世はまさに古美術流通の戦国時代ともいうほど激動の時代を迎えたのであった。

復員した私が、軍服のままで赤坂をたずねて焼跡を見てから、井の頭に足をのばしてはじめて一雄氏に会った時に、生還祝いのトンカツと白米の馳走をしてくれたあとに見せてもらった道具は、

中興名物　雲州蔵帳薩摩甫十茶入
中興名物　名物手本阿弥井戸茶碗
中興名物　朽木伯庵茶碗
西本願寺伝来三十六人歌集　石山切　二枚続両面表装（益田鈍翁所蔵のもの）

などであった。目を見はって息をのんでいると、

「こんな名品が毎日出てくるんだよ、どうする君。とても金が間にあわなくて、売りたくなくてもつぎを買うために売らなきゃならない。その売りがまた面白いんだ。仲間

の会でも、先月買ったものが黙って三倍で売れるんだよ」といって嘆息してみせたが、その後に一雄氏の手を経た美術品は国宝、重文、大名物、名物、中興名物を網羅したもので、とても現代人には想像もつかぬ宝物ばかりであった。激動の時代の波にゆられて世にあらわれた美術品に、ただちに反応し取引するを得た一雄氏の鑑識眼と商才は非凡なものだったのである。

後日のことだが、彼が自ら記した控帳を見たことがある。

それはまさに蔵帳ではなかったが、雲州蔵帳における松平不昧公の筆法に倣って、「十万円位二十万円」などと朱筆で書入れがされた面白い記述による帳面で、「青々露一茶器過眼録」との題簽をともなった一冊だったが、「過眼録」と表現したとおりに、記載の名品の多くは彼の目を一過するのみにして、つぎなる所蔵家に移っていったものだったのである。

私は井の頭別荘在住のあいだにそのうちの何点かは見る機会を得て、記憶に鮮やかなものもあったが、「過眼録」におさめる品物が、大名物、名物、蔵帳記載などの名宝ばかりであることにあらためて一驚を喫し、彼の力量の偉大なるを再認識して、畏敬の念を深くしたものであった。

ここにその代表的な名品をあげてみよう。

一、国宝　北野天神縁起　残欠
一、〃　稲葉堂薬師縁起
一、〃　松谿真山水
一、重美　信実儀式之巻
一、〃　牧谿　黄青牛
一、〃　東山時代　御所車蒔絵手箱
一、〃　東山時代　扇面散蒔絵手箱
一、〃　染付高砂花入
一、大名物　雲州家伝来　六条肩衝茶入
一、〃　山の井肩衝茶入
一、〃　八幡名物　奈良文琳茶入
一、〃　木津屋肩衝茶入
一、〃　紹鷗茄子茶入
一、〃　高麗白鷗茶碗

一、〃　灰被天目　夕陽
一、中興名物　薩摩甫十茶入
一、〃　本阿弥井戸茶碗
一、道風　継色紙　わたつみの
一、寸松庵色紙　三幅
一、行成　升色紙
一、堺色紙　三隔
一、益田家　道風本阿弥切　一巻（露一分割）
一、寂蓮法師　右衛門切　一巻
一、古筆手鑑　筆陳　高野切その他四十余枚
一、益田家旧蔵　石山切二枚続両面表具
一、佐竹本三十六歌仙　重之
一、光悦古今集色紙帖　二十四葉
一、朽木伯庵茶碗
一、藤浪井戸茶碗

一、絵高麗梅鉢茶碗
一、光悦赤茶碗　沙鷗
一、鼠志野　割高台茶碗　岩はし
一、備前耳付花入
一、備前　鬼の腕花入　織部文添
一、伊賀州浜形花入
一、志野水草絵水指
一、備前耳付共蓋水指
一、香合　白呉須台牛、黄瀬戸根太、交趾分胴亀など
一、楽茶碗　長次郎、のんこう、一入など

繁雑になるのでこの辺で略するが、これらの名品を入手した時の一雄氏の喜悦が思いやられるほどのものを羅列している。

それにつけても、「品物を一時は自分のものにして嬉しがっていても、結局は手離してしまうのが商人の宿命さ」といってたび〳〵嘆息していた彼の表情を思い出す。美しいものが好きで「過眼録」にも、「美しき事天下一ならん」とか、「楽しみなる一品

也」とか、「同手のうち一番也」とかの朱筆の傍註が入っていて、品物への愛着がうかがえたのはまことに楽しく、彼のため息が聞こえるような心持ちがする。「青々露一過眼録」と称したのは商人中村一雄を離れて数寄者青々露一としての心境で記録したからだと推察される。長生きをして、もはや所蔵のものを売る必要のない境遇に達することを得なかった彼の早世は、何としても残念であり惜しまれてならない。

「巻一」と記した題簽にも悲哀がこもっている。「巻二」も「巻三」をもつくるほどの生命が欲しかったにちがいないものを。

古美術戦国時代とはいえ、この帳面に見えるほどの名品を売買した激しい商取引の闘いの裡に、中村一雄は商人として、また数寄者として大成していったのである。

昭和二十三年には、先代水戸幸・吉田五郎三郎の追善茶会を井の頭野水庵に催して五都の数寄者を招き、優品組合わせの豪華に目を見はらせしめた。昭和二十四年には東京美術倶楽部の重役の席に就いた。

傍ら趣味道にも浮気にも忙しい人であった。茶道は遠州流で先代宗家小堀宗明宗匠の門下生、絵ははじめ岡田華郷について大和絵を習ったが、のちには光琳、抱一に傾倒して琳派風を描き、青々露一と号した。

琳派には先生がなく、心掛けては光琳や乾山、抱一の作品を買いあつめ、それを模写して手本とした。

小型映画に凝って本格の作品をものし、「志野」「備前」「能」「香道」などを扱って格調高い製作をなし遂げ、世界小型映画協会賞を獲得した。小型映画では私は十代の時から一緒に製作した仲間で、主としてシナリオを担当したが、映画の研究と称して毎週二、三本の映画をともに観たものである。文学青年でもあった私は、自分の書いた小説を読んで聞かせたり愛読書をすすめたりして、一雄氏に文学的な影響を与えたが、彼は文筆の癖を持つにいたったことによって、後年に「軍靴三年」と題する回想録をまとめたり、シナリオを自ら書くようにもなったものである。

また彼は、勉強と称して大野鈍阿を訪れて茶碗づくりに凝ったこともあり、時には私に竹をもとめて茶杓削りを試みた。ある時一本の茶杓を削って私に示したが、形はまったく遠州宗甫に近いものであった。筒の銘書きに「瑟々《しつしつ》」と記されていたのでその意味をたずねると、白楽天の詩集『琵琶行』に詠う「楓葉荻花秋瑟瑟」からの引用で、侘びしい秋の心持ちをあらわす語字であると説明したので、いつのまにか彼が漢籍の素養を身につけていることに、甚だおどろいたことがある。

勉強もしたが一方には遊ぶことも盛んであった。思い出すと二十代の半ばには血気盛んな若者が集まっては、夜ごとに銀座、新橋、赤坂の灯を見ねば眠れぬとばかりに遊び呆けたものであった。

粋な道楽のほうは、清元を巧みにして清元寿美太夫の弟子であった。一方、油絵も描けば盆景も蒔く、という往くとして可ならざるはない芸術的才能を縦横に発揮した。この資質は堺庄家の血統を引くものである。

追善茶会の記述が思わず中村一雄氏の半生の語りになってしまったが、茶会は型どおり追善のこととて、寄付に祭壇を設けて中村一雄氏の写真を掲げ、香華を手向ける席からはじまる。

次男中村菊雄氏（堺庄を継ぐ蒔絵師）、三男静雄氏（古美術商静運堂）が祭壇のそばに控えていたので、しばらくは故人の追憶を語りあった。

寄付の飾付けは左の如くであった。

床　光琳達磨　百図の内　益田家伝来

香炉　青磁木魚形　唐物半月卓に置く

書院　古写経手鑑開陳　吉田清氏の手により収集せられしもの

絵因果経（天平）大聖武にはじまり、光明皇后装飾下絵経、紫紙金字国分経、紺地金字二月堂焼経、正倉院文書、東大寺朱印経、飯室切、道風無量義経、泉福寺華厳経、装飾法華経、聖徳大師太秦切、戸隠切、藤原清衡・基衡・秀衡発願中尊寺紺金字一切経、後白河法皇勅願神護寺経、心西発願宝塔経、平頼盛厳島切、鎌倉時代絵因果経

再観参鑑して、かくも写経の名品を収集せし吉田清氏の情熱識見に感服して去り難い心持ちであった。なお、この手鑑は色刷原寸大に仕立てられて、当日参会の来客に配布したのは、保存に堪える記念品として心入れのものであった。

この日の道具組みは、一雄氏が生前に客先へ納入した縁のあるものを主として組まれていると聞いた。

床脇には茶道具、炭道具を飾る。

本席（濃茶）は清静庵。

一雄氏に教育された池内克哉氏の迎付けで、雑談していた人たちは雁行して露地へおり、蹲踞《つくばい》へとすすむ。躙口《にじりぐち》を入ると床は先客の影で見えなかったが、右の道具畳を見ると備前の水指が据えられていた。赤い土の火色と青い釉立ちの対照がびっしょりと濡れて、はっとするほどに美しい。「ほう、綺麗だね」という嘆声が客の中から聞かれた。

床　継色紙　道風

かわかみにあらふわかなのながれてもきみがあたりのせにこそよらめ

花入　伊賀州浜形　仰木魯堂旧蔵

香合　呉須台牛　三井家伝来　故人は丑年ナリ

水指　備前矢筈口

轆轤《ろくろ》の乱れ面白く、半面の火色、半面の菜種釉青みがかりて景色十分の名品である。前に富田金襴の袋を装いたる茶入。沢栗の裡には芦屋浜松地紋の釜が松籟の音をたてていた。

茶杓は蟻腰が手強く見えたので点前の時から利休かなと見ていたが、拝見に廻ったのを見ると、櫂先は織部かとも見ゆる古風な作行き、きけば大徳寺の清巖和尚の作であるという。名杓である。のちに筒を拝見したが、総削りに丸の〆印、「茶僧」の銘は清巖得意の雄渾な筆蹟にて、意味は利休を暗示したものであろうという。側面に「万松庵清巖宗渭（花押）」の署名は銘書きの文字とともに、いたって謹直に書下す。この茶杓は松永記念館から借り出されたものである。

正客は濃茶を一啜して、茗芽の芳潤なるを挨拶あり。うかがい見れば、志野茶碗は三角の山形と半面に子持縞を描き、鬼板の発色美しく、土味も上々の優品である。

末客飲み終わって順次茶器類を拝見す。

茶入　中興名物　玉柏手　銘玉藻　遠州箱

　難波江の藻に埋るる玉柏あらわれてこそ人をこひばや

茶碗　志野　絵アリ　銘おく山

建水　木地曲

蓋置　青竹引切

着座された客の顔ぶれを見ると、正客に宫休庵宗匠千宗守氏、次客大河内風船子氏、三客金沢谷庄・谷村良治氏、瀬津巖氏の面々、詰は大阪の戸田鐘之助氏がつとめるという顔ぶれであった。

亭主吉田孝太郎氏、茶器類をはこび炉前に端座して点前にかかる。孝太郎氏の点前は定評あるもので、水の流れる如く洒々落々としてまことに逸品である。

「宗匠の前でお点前はどうも少々何ですが、手違いはお見逃しください」

と謙遜すれば、

「お点前より美味しいお茶を飲ませてください」

と軽くうけ流して茶のある問答。おたがいに気心の知れた主客である。

この挨拶をきっかけに席は気楽な雰囲気となり、つらなる客たちからさま〲な話題が飛び出してたちまち濃茶の席らしからぬ賑やかさとなったが、主として中村一雄氏の思い出が語られたのはもちろんのことである。

名器揃いの品格が配合の適所を得て、本格の組合わせ。さすがと感服する。

「今日は大師会よりいいな」というささやきが客のあいだから聞かれた。大師会といえば、この追善茶会に五都から集まる数寄者、業者の便宜を計って大師会に続く日を選んだのも、会主の心づかいであった。

二席目　濃茶　倶楽庵

寄付

床　抱一上人　宇津の山の図　孤邨箱

書院　八幡名物　青貝魚紋硯箱

脇　古赤絵獅子蓋香炉

莨盆　真塗手付

火入　乾山椿絵

本席

床　寧一山二行墨蹟　阿弥陀経（重文）

清巖玉舟外題　一風茶地金襴中廻唐草金襴

其れ人命終るの時に臨んで阿弥陀仏諸聖と忽ち其の前に現在せん。是れ人終る時、心顚倒せず。即ち阿弥陀仏、極楽国土に往生することを得ん。

正和五年七月十五日一山老納

寧一山には珍しい草体の文字であった。

花入　青磁竹の子　雲州蔵帳　砧青磁は千峰の翠色を湛えて寸法の小なりに瀟洒の気分はさすがに不昧公所蔵の名品ナリ

香合　黄瀬戸根太　平瀬家伝来
釜　天命　荷葉　松永耳庵旧蔵
　炉縁　黒柿　半入作
水指　伊賀耳付　松永耳庵
茶入　中興名物　走井　雲州蔵帳同伝来
　袋　相良漢東　剣先緞子
茶杓　茶屋宗古共筒　銘面影
茶碗　高麗　宗慶箱　藤田家伝来　露吟　手控に玉子手とアリ
　蓋置　宗和好　竹
　建水　高取内釉
　茶　初音
　菓子　上り羊羹　美濃忠製

正客は面識のない老紳士であったが、三客にすわった戸田鐘之助氏との対話によって、関西の財界人のように思えた。

「寄付の抱一はえらい出来のええものやったが、雄さんは琳派の絵を描くほど目利きで、宗達や光琳はよう見えた。私も光琳百図のうちにあるものを世話してもろうたが」と、この席でも一雄氏の思い出がひとくさり語られた。

「琳派だけではございません。大和絵もよく見えて扱ったんです。佐竹本三十六歌仙の源重之は雄さんの手を経たもので、他に二幅、それから北野天神縁起もそうです。信実はとくに好きだったようで」

とお詰にすわった客が口をはさんだ。

それらの話を聞くにつけ、私は井の頭野水庵で二十年前に見たそれらの名画を、彷彿と目に浮べたものである。

この席は床に釜に茶杓に銘に、追善の気分が横溢して、連客はひとしお故人を偲ぶことになった。菓子は郵送の不可能な「上り羊羹」で、わざ〳〵名古屋から取り寄せられたのは、まことにご馳走であった。

薄茶席　花の間

床　清巖一行　心不是仏啿　益田家伝来

花入　備前耳付　太郎庵箱

香合　志野一文字
釜　古芦屋花筏地紋
　炉縁　高台寺蒔絵
水指　青磁鉄鉢
　長板　真塗　道志
　風炉先　松花堂好
茶器　竹棗　石州好　三十ノ内
　替　織部
茶杓　北野三十本ノ内　如心斎共筒　銘心の池
茶碗　彫三島
　替　一入黒　東雲
　替　祥瑞沓瓔珞文　在銘
蓋置　戸田露朝手造
建水　南蛮砂張合子　閑事庵　平瀬家伝来
干菓子　菩提樹　如心　伊織製

盆　　唐物独楽　蜜陀白色入
莨盆　一閑小木瓜
火入　絵唐津

以上に記したような三席を廻ったが、どの席も中村一雄氏が客に世話した道具をあつめ、それに吉田家または中村家所蔵のものを交えて組まれたと聞きおよんだ。加うるに戸田露朝手づくりの蓋置や、山澄宗澄好みの銘々盆、仰木魯堂旧蔵、松永耳庵旧蔵などを配置して一雄氏と交わりのあった人を偲ぶなど、隅々まで心の届いた取り合わせで、その上一級の名品をもって組まれた苦心は、来客をして十分中村一雄の生前を偲ばせるものであった。

酒席に入ってゆくと、ちらほらと知った顔が見える。吉田清氏が強肴を盛りつけた自作の鉄絵大皿を持って、客を接待していた。

私は小川宗圭宗匠と席をともにしたので一献を交わしながら、老人同士のこととて話は例の如く昔に還ってゆく。

現代の実業界や男性一般に、茶道を嗜む人の少ないのを嘆ずることにしばしの時を費やす。

私は現代を茶道具商の受難時代であると論じ、これはかならずや一時的な過渡期にして、茶道の歴史五百年から見れば、ほんの小休止に過ぎない。思うてもみ給え、茶道創始以来、日本を動かしてきた人たちの求道的趣味道であった茶の湯から男性が離れたのは、特殊な時代の波紋に過ぎず、総合的な日本的教養を包含する茶道の本格を知るならば、その魅力は心ある知識人ほどこの道に入らざるを得ないことを悟るであろうと説いて力説した。

とくに、陶器愛好家の多い昨今は、所蔵の器物のもっとも効果的なる鑑賞、披露の手段として、茶席という舞台において、点前という手続きと、置合わせという配置においてなすのは、愛蔵のやきものを十倍も百倍も価値高く見てもらえる演出であることに気づくべきである、というような話をしておおいに意気投合した。

吉田清氏が話に加わったので、兄に代わって長生きするように申しのべたが、その時私があらためて気づいたことは、この日に参会してほしかった人たちの多くが、一雄氏と同じ幽明の彼方に去ってしまっているという寂しい現実であった。

京橋水戸幸・吉田吉之助氏、息、吉田幸之助氏、中島文蔵氏、伊端喜代志氏、飯田勝郎氏など、業者には中村氏に続いて早逝した人が多い。この人たちは十万億土の浄界から今日の茶会を見おろして何を感じ、中村一雄氏を囲んで何を語っているであろうか。

追善茶会記に際して、とにかく不摂生に陥りがちな古美術界諸氏の健康管理と自重を祈ってやまぬものである。

荒川豊蔵さん

ある古美術商をたずねて主人と面談しているところへ「多治見のやきもの屋さんがきました」と番頭さんが声をかけた。辞去しようとすると主人が押しとどめて「いいんだよ、茶碗を持ってきたんだから見ておいでよ」という。

四角い風呂敷包みを持ってあらわれたのが荒川豊蔵さんだった。

「汽車が混んで名古屋から立ちどおしだった」というようなことをいいながら、どっかと胡座《あぐら》をかいて包みを開きはじめた。大きな箱の中からつぎ〳〵と碗があらわれて畳の上にならぶ。それが皆志野で、一見して本格の作行きが桃山の古志野に近く、しかも傑作揃いなので、まだ荒川さんの存在を知らなかった私は、びっくりしてそばで拝見におよんでいた。

主人はろくに取りもせずひと目に見て、「三十点だね、今度は先《せん》のより出来がいいようだね。値は同じでいいんだろ」とセッカチにいって紙入れを取り出す。

「薪の値が倍にあがって、前の値じゃ出来ないんだが」と荒川さんが大きな手でさえぎる。

ものわかりのよい主人は、「ふむ、薪が高くなったかい。山もインフレだね」といいながら値段の交渉になって、確か一点三百五十円位で話がついたように記憶している。昭和二十三年頃で、日々に物価が変動していた時代のことである。

愛陶家のあいだでは知られていたとはいえ、荒川さんはまだ無名で、このように道具屋さんに作品を買ってもらいながら古志野の復元に打ち込んでおられたのである。研究者としての苦境時代は長く、それが戦中、戦後の、美術品より米が大事という時とかさなったために、ひとしおの苦労があったことと推察される。

この道具屋さんは一流の茶道具商で新陶を扱うような人ではなかったが、荒川さんを後援する心持ちから作品を取りあげていたのである。

茶碗の取引がすむと「おい、ビール」と奥へ声をかける。主客ともに飲むほうなので即座に五、六本の瓶がならんだ。主人は番頭にいいつけて二、三点の志野茶碗を持ってこさせた。それらは皆由緒ありげな時代の箱に入っていた。

「よく見とくといいよ。ほら、この口造りと高台廻りの削りは参考になりやしないか」などといいながらビールをあおる。荒川さんも熱心に茶碗を眺めながらコップを傾ける。

まるでやきものをサカナにして飲んでいるような様子が面白く、その日の情景を印象深く覚えている。

終戦後の混乱からだん〳〵と世の中が立ち直るとともに荒川さんを知る人が多くなり、永年の労苦が認められはじめた頃には文化財法が制定されて、重要無形文化財（人間国宝）にいちはやく指定された。荒川豊蔵の名は世人に知られるようになり、華やかな先生の後半生が展開されたのである。

昭和三十年の、三越第一回展の爆発的な成功を覚えている。五階に美術部があって画廊に志野茶碗、水指、瀬戸黒、黄瀬戸などがならんで、初日にたちまち売切れるという盛況であった。

茶碗は安いもので四、五万円、いちばんの傑作が八万五千円。当時は高いなあとおどろいたものであったが、その後の二十年のあいだにまさか百倍の値になるとは夢にも思わなかったのである。

前に書いた道具屋さんが会場へきて荒川さんにむかって「君は良くなると私がいったとおりだろう」といったが、先生は苦い顔をして笑っていた。苦境時代は触れたくないほどのものだったのかもしれない。

荒川さんは毎年、個展を開くほど脂がのっていた。評判は日に日に高く、新しい窯があがるたびに愛陶家が雲集して奪いあうほどであった。

私と先生とのひさぐ〳〵の出会いは小森松菴邸におけるものであったが、その時私はことさら道具屋での邂逅には触れないでいた。その後は三越の応接間でたび〳〵一緒になった。位も年齢もちがうが、同じ三越の作家として茶を喫したり、食事をして、そのたびにやきもののことを質問したが、荒川さんはうるさがらずによく教えてくださったものである。

ある時、私が古い志野の燈籠の部分を入手した。火袋と芝受けが失われ、中心の棹だけが花入に見立てられていたもので、よい艾土《もぐさつち》に長石釉が荒々しく掛かり、ところ〴〵にカイラギ状を呈し、火色も出てちょっと面白いものであった。桐の根杢《ねもく》の箱をつくって荒川先生に鑑定、箱書をたのんだ。

ひと目見て「桃山頃の元屋敷の窯のものだね」と鑑定され、その旨箱を書いてくださった。それは昭和四十年代の半ばだったと思うが、それからまもなく私は箱書の礼に祇園の住まいをたずねた。お礼と一緒に自作の籠花入を届けたのだが、荒川さんはいたくよろこんで夕食を鴨川畔の「たん熊」へ招いてくださった。台風もよいの涼風の吹く八月の終わり頃で河原の床《ゆか》は賑わっていた。牡丹鱧《ぼたんはも》や鮎の焼物で荒川さんはよく飲んだ。つぎの年の花の頃にも祇園をたずねたことがあった。その日は料亭「おいと」で夕食が出て、また一緒に飲むことになったが、たいへんご機嫌で光悦の和歌の巻物を買った話をしておられた。美濃の奥様の菩提を弔うために、円空の弥勒菩薩を置いて、礼拝しておられたが、その後はいよ〳〵祇園のおいとさんが奥様のようになって先生も京都住まいが多くなり、ひとときはおいとさんを通じなければ作品がもらえなかった頃もあったらしい。

荒川さんが艶福家だという噂をする人もあるが、先生はまことに親切な人であって、その誠意に女性がまいってしまうにちがいないと思われた。

私がやきものを余技にして少し熱が高くなった頃に、志野をつくってみたいと思って先生に焼いてもらえないかとたのんだことがある。「あまり素人の面倒はみたくないが、若い者がいるから私が美濃へ帰っている時にいらっしゃい、また虎渓山の息子のところならいつでも手伝ってもらえるように話してあげる」といってくだすった。

私も本業が忙しいままなか〳〵実現出来ずに日を過ごして、昭和六十年の春にようやく大萱をたずねた時にはもう先生は病床であった。耳も口も足も不自由だが記憶は確からしく、私の顔を見て懐かしそうに手を差し出された。痩せてはいても大きな頑丈な掌であった。

帰京後に虎溪山へいって作陶しなさいという葉書を代筆でいただいた。先生らしい親切ぶりがあの病状で示されたので感動した。秋になったら再び見舞いにいくと返事を出したが、その年の酷暑がこたえたのか八月の終わらぬうちに先生の命の灯は消えてしまった。

新聞やテレビは荒川豊蔵の事績を報じた。仕事の立派なことはいうまでもないが、絵も書も人に優れ、文章も味わい深く、古美術の鑑識も一流のものであった。もっとも大事な功績は美濃窯発見、発掘とその研究である。

荒川先生が昭和八年に美濃の窯跡を発掘して証明するまでは、志野、瀬戸黒、黄瀬戸、織部などは皆瀬戸の産物であるとされていた。永禄、天正の昔から美濃の陶人そのものが自ら「瀬戸焼」と称していたのは、もと瀬戸から移住した人たちであろう。

江戸以来の人たちも皆その呼称のままで伝えてきたものを、荒川先生の窯跡発掘はまさに世紀の大発見といい得るものだったのである。志野復元、創作的荒川志野制作とともに不滅の業績をのこされたのである。

愛陶家はいうにおよばず世人は荒川豊蔵の死去に心からなる哀悼の意を表した。

高原杓庵さん

ある茶道具屋で「茶杓を見せてください」と注文すると二、三本の箱を持ち出してきたが、そのうちの一本は松浦鎮信の共筒だった。

類品の少ないものであり、私は心をこめて拝見することとなった。

茶杓は順樋で素直な撓め、一文字櫂先は約束どおり。筒は真の削りの面取りも端正に「和田織部殿」と雄渾な筆蹟で贈銘になっていた。

「どうですか」と主人は私の顔をうかがう。「いいですね、杓態といい、筒の削り、書付、すべて上々。とくに贈筒がよい」「銘がなくてもいいんですか」「私は贈筒の茶杓が好きなんです。けっして贋物がありませんし、季節構わずつかえます」

「はあ、和田織部って誰ですか」と聞かれたが私は知らなかった。

「武鑑を調べてわかれば面白いですね。銘がなくとも威張ってつかえます。流祖や偉い茶人の杓はそれだけで価値があるんですから。場合によっては追銘をつけたり、替筒をつくってもいいでしょう」

「あ、そうそう、二重箱になっていて高原杓庵さんの極書があるんです。今ちょっと直しに出してあります」

「二重箱で外が杓庵。それはいっそう結構ですよ」とこたえたが、雑談のあとに、私はふと思いついて「杓庵っていったいどういう人なんですか」と、とぼけてたずねてみた。

「ご存知ありませんか、茶杓の研究家ですよ。京都の人で『茶杓三百選』はご存知でしょう、あの本をのこした方です」

「それはわかっているが、杓庵の経歴は?」

「さあ、詳しいことは知りませんが、お道具についての本はいくつか読んだことがあります」という返事だった。

古美術界では『茶杓三百選』が茶杓鑑定のバイブルのようになって、鑑定のむずかしい茶杓の唯一の手掛かりとなり、この本を頼りに商いをしている業者も多く、これに掲載されている茶杓はひと桁相場が高いとも聞いている。それでいて杓庵先生の実体をわきまえているのかなという疑問があって右のような質問を発してみたのだが、予想にたがわずろく〳〵先生の経歴を知らない様子だった。

そこで今回は杓庵先生のことを書いてみようと思う。昭和五十五年に上梓した『竹芸遍歴』（淡交社刊）の中に「高原杓庵先生との日々」と題する一項目を書いたことがある。「高原杓庵という名を忘れて茶杓の研究を語ることは出来ない。というより避けて通れぬほど先生の残された足跡は大きいのである。（中略）先生は半生をかけて茶杓に取り組み、時代鑑別に加えて学問的類別を確立するという画期的な業績をなしとげ『茶杓三百選』『茶杓拾遺集』その他の名著をのこされたのはよく人の知るところである」

私が師事したのは晩年のわずかな時期に過ぎぬが、その交わりを通じて私は計り知れないほど多くのことを教えられた。

先生は明治二十六年、大阪に生まれた。慶應義塾にまなび大正六年に毎日新聞に入社し、半生を同社で過ごした。生来の趣味人的素質ははやくも新入社員の時に見出され、演芸、演劇、茶道などの欄を担当するという適役に廻され、新聞紙上はもちろんのこと、時を経ずして演劇や、茶道の関係誌に健筆をふるうようになり、高原慶三の名はつとに高くなっていた。戦争中は文化人なみの苦労を嘗め、終戦時には局長の座にいたために、パージにひっかかり、浪人の身を白鶴社長嘉納治兵衛翁に拾われ、数年を白鶴美術館長として過ごした。ようやく世情のおさまるのを見極めて上洛、新門前縄手東入の地に居を構えた。それはまことに地の利を得た場所というべきで、東に京都美術倶楽部を控え、古美術商が寄り集まった地域であるために訪客多く、隠栖閑寂の生活とは言葉のみ、風流韻事に忙殺される楽しい月日を迎えることとなったのである。数寄人と交わり、古美術を探究する便宜も多く得られた。

とくに茶杓については、茶道はじまって以来、権威ある伝書がなく、かつて研究した人もないことに着目し、早くから調査をはじめて二、三の著書もあったが、茶道具の中でもっとも難物とされながらも甚だ実体が把握し難いこの小器物を究明して権威ある研究書をのこそうという志は、新門前時代にいたって本格化したのであった。

三百点の優品を選ぶにはそれに十倍する三千点の品物を見ねばならない。茶杓の鑑賞にはまず真贋の鑑別を前提とするいたってきびしい仕事と、むずかしい問題が控えている。先生の永年の経験に加えて、多くの古美術商、所蔵家の目利きたちが協力を惜しまなかったとしても、真贋にかかわる利害や感情が絡んで容易な仕事ではなかったのである。

茶道五百年のあいだ、伝来と口伝の裡に模糊としたこの小器物にはじめて光があてられ、永い茶道の流れにしたがって系譜が正され、形態が分解され、鑑賞の手がかりが与えられた。鑑賞だけではない。茶道具として、茶会という寄合いの中心となって動く茶杓の、器物としての機能を知悉している先生にしてはじめてこの著書は名著たり得たのだと思われる。

茶道界、古美術界は「茶杓博士」の敬称を奉って偉業を称えた。三百選の価値は年を追って高まっていったのである。

私が杓庵先生に師事したのは『茶杓三百選』が出版された直後のことであった。三越美術部長の数原俊治さんがこの本を贈ってくださったのがきっかけであった。当時は貧しくて三冊一万五千円の本が買えずにいたので大よろこびをしたのだが、若い時から茶杓削りに携わっていた私は誰よりもこの本の価値に感動したもので、さっそくに杓庵入門を決意したが、その橋渡しも数原部長を煩わせることになった。

昭和三十年秋のことと記憶している。

杓庵先生に会ってみると、茶道界、古美術界に共通の知人が多く、骨董趣味の一致とあいまってたちまちにして親近感が生じ、楽しく語らう時間を得ることが出来たのは幸いであった。

親しくなって直後のこと、京都の建仁寺の月釜に誘われて行ったことがある。

不昧公の画賛を掛けたような軽い薄茶の席だったが、杓庵先生は洒脱な客ぶりで、主茶碗の絵御本《えごほん》にたいへん感心してえらいほめ方なので私は奇異の感にうたれた。寺を出て大和大路通を北へ歩きはじめると、「あの茶碗なあ、昔に私が持ってたもんなんや、ほめんわけにいきまへんやろ」とけろりといわれたので、ちょっとはぐらかされて杓庵先生の一面を垣間見たような感じがしたものであった。

その年の暮のこと、ひさ〴〵にたずねてご無沙汰の挨拶をし、東京の土産を差し出す間もあらず、「さあ、今日は瓢阿君の試験をするから覚悟の臍《ほぞ》をきめなさい」というようなことをいいながら一本の茶杓を持ち出された。

まず外箱を見ると何やら付け時代のムサイ感じで、蓋表には「織部茶杓」、蓋裏には貼紙があって「古田織部正茶杓　伏見之二字花押正筆紛無之」、古筆何々らしい筆蹟証印は多分にイヤな雰囲気であった。

緞子の袋から筒を取り出しながらも私は待ちきれずに「先生この箱はイケマセンネ」と顔を見あげた。杓庵先生は笑いながら「まあ杓を見てごらん」。

筒は長めの豪快な削りの面取りに「伏見」の銘と重然《しげなり》花押を筆太に書付けている。花押と〆印はまあまあ及第だが銘の筆蹟は落第である。それ以前に筒が拭漆の付け時代であることが歴然として疑う余地もない。本体の茶杓を見るまでもなく、外箱、筒書付などに一貫して流れる一種の癖によって、私は記憶の糸を引き出されていた。すなわち同作の贋作茶杓を知っていたのである。

しかし黙って筒から茶杓を取り出した。折撓めの太身の削り。織部形は巧みにつくってあるが、これも付け時代の味わいであった。

先生は私の表情を観察していたのか、私がつぎの言葉を発する前に「わかるやろ」とひと言。

「大阪の、でしょう」

「そうや、○○斎や、東京にも出廻っているのんか」

「一本見ましたが、それより以前、父のところへ○○斎がきて自慢に見せたのを覚えているんです」

「自慢してか」

「はい、つくった本人がドヤうまいもんやろ、いってね。贋作者には往々にして巧みさを誇示するような心理があるのとちがいますか、目利きを騙すほど腕がよいというような」

「困ったもんや」

「織部茶杓は無銘のものですね、先生」

「そう、私も銘のあるのは一、二本より知らん。ほとんどは贈筒。または後世の極筒だ。利休時代と利休門人に気の利いた銘があったら一応は疑ってみるがよい。えらい長生きをした細川三斎などは別だが、じつは私の知人に織部を持っている人がいて、それによい銘がついている。それがほれ、この茶杓と同作なんや」

「へえ」

「鑑定をいわれても挨拶に困るやないか、持っている当人はえらいよろこんでいるし、老人なので悲観させるのも何やと思うて〝珍しいもんですなあ〟とか〝勉強になりました〟とかいっておいたが」

と、贋物を見せられた時の困った話をひとくさり。茶杓鑑賞は贋作退治からはじめねばならんと話しあったものであった。

さて杓庵先生とともにした茶杓の歴史の勉強は、どのようなものであったかを少しのべておきたし。

まず抹茶が日本に渡来した鎌倉時代の茶杓、あるいは南北朝、室町時代の闘茶流行期の茶杓について先生の説に疑問があったので、私は古い文献と資料を持ってはたび〳〵新門前をたずねて、その説を問うところからはじまったものであった。しかし先生の時間を調整するのはむずかしかった。

高原杓庵先生の居宅は、裏に白川の水音を聞き、祇園花街に隣接するいたって風流な場所である。京都美術倶楽部も近いこととて京阪は申すにおよばず遠く東京、金沢、名古屋の数寄者にして訪う人多く、いつも忙しい爺さんだったのである。知己の数のおびただしいのも永い時をかけて数寄の道を歩んでこられた功徳であろうか。恵まれた環境におられた晩年と見うけられ、楽しい風流生活が展開されていたらしい風情がうかがわれた。

吉兆老人がたび〳〵来訪されたのもこの時代のことであったが、その後に東京吉兆が開店すると、先生は築地を宿にして東京の茶会や芝居見物に毎月のように出かけることになり、楽しみがひとつ多くなった様子であった。

その頃に頂戴した手紙に、服部正次さんと小堀宗慶さんの朝茶に東京へ行ったが、どの席にも梅鉢浅黄帯の茶碗が出て勉強になった。その話をしたいと思ったが貴殿に会う時間がなく帰洛したと書かれていた。

幸福な杓庵先生の晩年に翳りがさす日がやがて訪れる。奥様の病気と死去である。その不幸を追いかけるようにして宿痾の神経痛が重くなって、床についておられる日が多くなった（その当時私は知らずにいたが、最近になってご子息富保さんに聞くと、何か内臓にも病気があって吐血されたこともあるとのこと）。奥様の茶のお弟子さんが親身に看病しておられた。

虫が知らせたのか、私は先生の知識をはやく吸収してしまわねばと思い、機会を得ては先生をたずねるようになった。

行くたびに寂しそうな様子が見えるので、ことさらに賑やかに、入手した茶杓を携えてみせたり、茶杓の歴史に関する問題を引っ提げて先生の気分を引立てようと試みた。

二階の居間の病床の傍らへ通って雑談のお相手をしたが、むずかしい理論になると「それは瓢阿君、神経痛にひっかかる難問やね」と笑いながらも「こんな話をしていると病気を忘れる」と私の訪問をよろこんでくださった。

茶杓論議は前掲のように主として抹茶渡来以来、茶道創成期以前のものに焦点をあてることを試みた。永禄八年（一五六五）書写の『分類草人木』に「京極道誉　赤松ノ則

祐　玩二リ楽ム茶香一ヲ　鹿苑院殿（足利義満）　勝定院殿（足利義持）　普廣院殿（足利義教）　慈照院殿（足利義政）仰二慕シ此道一ヲ而唐物ヲ求メ玉フ　能阿弥　珠光伝ェ来リテ而流二布ス天下一ニ」という時代の茶杓の形態と材質。

足利義教の時『室町殿行幸記』（永享九年）の御飾記に見える茶杓（象牙）は唐物か。

『太平記』の中に「京極道誉在京の大名たちを集めて茶寄合」の記述中「異国本朝の重宝を集め百座の粧をして皆曲彔《きょくろく》の上に豹虎の皮を布《し》き、思い思いの緞子金襴を裁ちきて」金銀財宝の賭を設けて闘茶の茶寄合を催した時の茶杓はどのようなものであったか。

といった類のテーマを取りあげた。

先生は「私には時間がない。文献や、絵巻物、伝来の道具も調べてみたいが」と嘆息されたが「十年頑張ってください。私が材料は探してきますから」と私は何ごともなげにいったものだった。

この頃、自分が先生の年齢に達してはじめてわかったのだが、老いて弧独の寂寥は、時に堪え難いものがあったにちがいない。その後の亡くなるまでの日々を書くのはやめにしておこうと思う。杓庵先生の病気がまだ軽かった頃の楽しい話をお伝えしてこの項の結びとしたい。

ある年の初冬のことである。

その日は昼下りに祇園新橋の漬物屋八百伊で新漬の千枚漬を一樽買ってから、巽橋を渡りにかかるとばったり先生に出会った。

「おや、お散歩ですか」「今日は珍しく気分がよいので歩いてみたんやが、やはり疲れる。あんた家へくるのんか」というようなやりとりがあって、杓庵へ引き返すことになった。

この日は顔色もよろしく、階下の四畳半の炬燵へ案内された。

「おひるは」といわれるので、「朝食をホテルでおそくすませました」とこたえると「私は一日二食だが、もうそろそろやからつきあいなさい、君は若いから洋食がよかろう」と花見小路の「つぼさか」から昼食をとって、五十六年物のボルドーがあるからと酒を出してくださった。この日はだいぶご機嫌で昔話がはじまった。

学生時代に両国の美術倶楽部へ通って、売立ての下見で茶道具骨董の勉強をはじめ、時には大田蜀山人の狂歌を買って四苦八苦した体験などを語られた。ワインに酔ってか、「今日は清元でも聞かせましょうか。冬やから三千歳《みちとせ》がええやろ。じつはちょっと魂胆もあるよってな」

と何かにやにやしている。

〝冴え返る春の寒さに降る雨も暮れていつしか雪となり、上野の鐘の音《ね》も氷る細き流れの幾曲り〟から〝思いがけなく丈賀《じょうが》に会い持たせてやったさっきの手紙〟まで一気に語って、「このあとは少々省きます」と断わってワインをひとくち飲むと〝わづか別れていてさえも〟といきなり艶っぽい三千歳のせりふが先生の口をついて出たので私は少々おどろいて見守っていると、〝一日逢わねば千日の、思いにわたしゃ煩《わずら》う〟と聞きどころのカンの立つ清元声が素人離れの巧みさに、いつか引きずり込まれてしまった。

「先生と清元とは少々考えられない取り合わせですね」

というと

「だって君、僕は若い頃から演芸の記者をしていたんだから。なんやら自然に覚えてしもうて」

と言葉を濁してしまわれたが、遠くを見るようなまなざしで庭の枯木を眺めていたのは、おそらく過ぎ去った青春の面影を追っておられたのかもしれない。

後日に仄聞《そくぶん》したところによると、記者時代には祇園の名妓と高台寺下の隠れ家に愛の巣を持っていたという粋な秘め事もあったということで、清元もおそらくその人に膝詰めで仕込まれたものかもしれぬ。

「瓢阿さん、今日はひとつ丈賀の役を引き受けてくださらんか」

先生は突然そういわれた。

「は？」

「思いがけなく丈賀に会い、の丈賀ですよ」

三千歳を語って聞かせたのもその塊胆であるという。

「私が直侍で、東京に三千歳がいる」。はてなとわからずに首をかしげると、

東京で料亭を営むある老嫗茶人が二十年来恋い焦がれている茶杓がある。藤村庸軒の「千歳」と銘のある茶杓で、その嫗は同作の「万歳」を所持していて、いつかは二本を一対にせんものとの悲願を杓庵先生に託していた。「千歳」の所蔵者は関西の名だたる数寄者でけっして手離す人ではなかったが、熟柿が落ちるようにようやく先生の説得が功を奏したのが今朝のこと。一日もはやく見せてやりたいとは同病相憐むの心境というわけであるという。

「瓢阿さんが夕刻の汽車で帰られるのなら是非届けてほしい」というのである。「それ

は引き受けますが、どうして丈賀なんですか」とたずねると、先生はにんまりと笑って硯箱を引き寄せ、手紙をしたためると「こういうわけや」と私に示された。

「冠省、永年御執心の庸軒の千歳、やうやく今朝獲得仕候、万歳も待ち草臥れし御心情御諒察申候処、折よく瓢阿さんの来庵あり、帰京の由なれば托し申候。

〝思いがけなく瓢阿に会い、持たせてやったさっきの茶杓、もう千歳が手へ届いた時分〟阿阿。駄洒落はさておき御一覧の上は、風に鳴子の音高く電話一本待上候。瓢阿さんを丈賀に見立てしは気の毒なれど遠路の使者なれば何卒万々御もてなし願上候」

という手紙であった。

聞けば先生と三千歳女史とは清元の友だちであるという。「千歳」入手の媼は身も世もあらぬ大よろこびで、とりあえず一客一亭の席を設けて釜の煮えを待つ間の一献もさることながら、一服の茶を練ってくださった半筒の茶碗は名品で「初霜」の銘も季にかなう火色ほのかな志野であった。

高原杓庵先生も三千歳の媼も亡き今は、懐かしくも風流げな遠い日々となってしまった。

小森松菴さん

神田川の水源が上流にあって大きな池をつくり、清らかな水を湛えている。その水が細い川となって流れくだる、ここは井の頭公園の東のはずれである。小川にかかる土橋をわたってだら〳〵坂をのぼり、左折して生垣の小径をつたってゆくと小森邸の横手に出る。

空に聳える松の大木が目印になっているこの邸はもと赤星家の別荘で、昔は南の斜面をくだって井の頭公園の池畔までひろがっていたということだが、昭和のはじめ、井の頭線の電車が開通する時に三分の二の土地を電鉄に買収され、台上の建物と庭と茶室だけがのこって、昭和三十年代まで小森松菴氏の住居となっていた。

小森氏の母堂は赤星家の人であった。ゆえに小森氏は幼くして日常に風雅のある環境に育てられ、その美意識ははやくからつちかわれたものだったと思われる。小森松菴といえば数寄者のあいだで侘び茶の旗手の如くいわれているが、正確な経歴を知る人は少ないので申しのべておこう。

小森松菴氏は、明治大正の財界に君臨した実業家、赤星弥之助の孫であり、陶磁協会を設立した仲間で、理事をつとめている。知られているのはそれぐらいであろう。今だからいえるが、小森氏の秘められた過去には、戦争中に満鉄の調査部に籍を置いて太平洋戦争開戦以前に膨大な満鉄の資料を活用して、日本軍の南方進出をたすけたという経歴がある。華やかな情報活動を展開し、満州をはじめ、朝鮮、東南アジアに足跡をしるしたが、日本の運命とともにその功績は埋没し、ご自分も秘匿して人に語ることをしなかった。一時期、非常に親密な交際をした私に漏らされた、それが先生の埋もれた青春の軌跡というようなものである。

敗戦とともにかろうじて戦犯を免れ、親戚友人とともに実業界に打って出た時期があった。その頃から赤星家の従兄弟や伊東祐淳さんなどと連れ立って道具屋を流して歩き、めぼしい物を買いあさる日が続いた。折しも古美術品は旧所蔵者の竹の子生活によって新興勢力に移動したために、目を見はるような名品が世にあらわれた時代だったから、著名な大名品が小森氏の有に帰したことは十指にあまるほどであった。

事業のほうは武士の商法でいずれも失敗をかさね、ついに風流と売り食いで露命をつなぐ日々となったが、浪人はしていてもいつも昂然として誇り高く生きておられた姿は、雄々しく立派であったように覚えている。

先生の父君は政治に関与しておられて実力者であったが、政党の外にある国士として生涯を終わられたと聞く。

松菴先生は、父君の志を継いで大陸に志を得んとした青春時代の気分のまま、年をとったような人である。毬栗頭《いがぐり》の下にぎょろりと光る目玉と長身に袴をつけて闊歩する姿には、まるで大陸浪人のような凄味があり、ことにあたって興奮しやすく、すぐに大声を発して怒鳴るのが癖で人をして恐れを抱かせ、たいへんうるさい人物のようにうけとられて損をしていたように思う。


私と松菴先生との交わりは昭和二十三年頃にはじまったと記憶している。

昭和二十一年に復員した私は、しばらく井の頭の水戸幸別荘に寄寓していた。家族は知多半島の常滑の近くに疎開したままなので、当時の言葉でいう疎開やもめの気ままな身で、籠をつくったり、雑用を手伝ったりの日を過ごしていた。

はじめに松菴先生との縁を結びつけたのは蒔絵師の堺庄《さかしょう》さんだった。先生が持っている利休所持の炭斗を写してくれという仕事を持ち込んできたところから交渉がはじまり、

二、三点の籠花入を世話されたが、私が直接先生に会う機会はなく、お目にかかったのは別荘を去って、駅前の家へ移ってからである。そこは小森邸へ二、三分の距離であった。ある日のこと、何か用事が出来て松菴先生が私をたずねてきた。ごく近くに知人が出来たことをよろこんで「茶に呼びますよ」などといって、ケケケと笑ったのを覚えている。

早速つぎの日に誘いがあった。釜をかけているから茶を飲みに来いという使いである。母屋の横を抜けて露地をつたってゆくと茶席らしい建物が見えたので、ここかなとうろうろしていると、中年の女性があらわれて「池田さんですか、こちらへ」と案内されたところが躙口《にじりくち》であった。

引戸をあけると床の間が見えて、墨蹟の二字の大字がいきなり目に飛び込んだ。床前にすすんで見あげると、雄勁な文字が席中を圧している感じであった。何と書いであったかは覚えていないが、のちに大澄国師だと聞かされた。

炉には無文の天命釜が味わいのよい唐銅蓋をのせてすでに煮え音であった。道具畳に大ぶりの信楽の水指が据えられていた。口縁が欠け落ちてまことに侘びしい姿である。その矢筈口の中に、おそらく宋の官窯であろう気品ある白磁の宝珠つまみの山高い蓋を落としかけるようにして、信楽の火色十分の土肌と美しい対照を見せていた。

〞ははあ、これが小森松菴の世界なのか〟と見廻していると小森先生があらわれ、「やあ、いらっしゃい、御本《ごほん》のね、綺麗な茶碗がきたので今日は釜をかけたんです」といいながら点前座につき、その茶碗で薄茶を点ててくださった。

〞はてな〟、侘びかと思えばこの釉立ちの美しい御本を取り合わす。棗の拝見を請えば盛阿弥の高台寺蒔絵の棗。どうも一筋縄ではゆかぬ気がして、〞松菴茶道は端倪《たんげい》すべからざるものがありそうだ〟というのが初日の印象だった。

このようにして小森松菴先生との交わりがはじまった。

そのうちに私は小森邸へ茶の稽古に通うようになった。稽古日というわけではないが水曜日に釜がかかって、松菴教室というようなものがおのずから出来あがっていた。いつも顔を見せる常連は、亀井勝一郎氏と夫人の斐子さん、不白流の吉水孝蓮さん、陶磁協会の伊東祐淳さん、大河内風船子さん、黒田領治さん、赤星家の三男でほんとうの名を知らないが小森先生が「弥次さん」と呼んでいた人。美術商では壺中居の広田不孤斎さん、仏教美術の小西康仁さんなどであった。小森家のお嬢様たちはいつも茶席や水屋を手伝っていたが、三人ともまだ学生だった。

今にして思うと、皆若かった。主人公の小森先生が五十歳の終わり頃、亀井夫人、吉水女史は四十代の女盛り、赤星さん、伊東さんも五十歳になっていなかった。

この人たちよりも若かった私には、これらの人たちが年配者に見えたが、皆、血気盛んな年齢だった。小西さんだけが若くて、三十になるやならぬの美青年であった。「慶應出の新進美術商だ」と紹介された。

ある時、小森先生が秘蔵している斗々屋の茶碗を広田不孤斎が執拗に所望した。あまりにしつこいので先生は目の前でガンと畳に打ちつけて割って「これでよげれば持って帰れ」と怒鳴った。それほど癇癪が強かった。しかし反面にその心意気を自慢しているところがあって、よく人にその話をした。私は「道具は自分のものであっても天下の宝物です」とたしなめた。それからは茶碗割りの話はしなくなった。

小森先生の茶の稽古には新鮮味があった。点前よりも精神について語ることが多かった。古美術の鑑識は自ら教えられたが喫茶の本質については、まずうまい茶を飲ますこと。それにはまずよい水をもとめよ、というようなわかりきってはいるが誰もあまりいわない教えを強調された。誠の心即ち茶の心というわけである。

雪が降ると呼びにこられた。膝までの深い雪を踏み分けていってみると、備前の擂鉢《すりばち》に雪を山盛りにしたのが水指で、柄杓で雪を釜に入れてから湯をくむ点前で茶をくださった。とても美味い茶が点ったのでおどろいたものである。

ある夏のこと。松菴茶席に集まった一座の中で亀井夫人が「今日は社長がいらっしゃるそうよ」といった。「あの人のデパートはどうも失敗らしいね」と先生が噂をしていた。〝社長って誰だろう〟と思っていると、人影がきして、

「いやあ、暑いね。井の頭は少しは涼しいかと思ったが、こう暑いのはインチキだ」と頭のてっぺんから出るような勘高い声がして、ガラリと貴人口が開かれた。あらわれた人が噂の社長で、これが大河内風船子さんであった。

小森さんと同じ陶磁協会の理事で戦後盛んになった陶磁研究の仲間である。おたがいに昔は名門の御曹司であり、武士商法敗北の連帯感もあったらしい。

その日は水を湛えた青磁の大鉢がご馳走で、刷毛目三島の平茶碗、一入の馬盥《ばたらい》、床は覚々斎原叟の雷公の自画賛だった。

先生は誰か成金収集家の根性の卑賤なるを怒って口から泡を飛ばして論じたてた。

「まあ〳〵君、掛物の雷が抜け出したような口を聞くなヨ」と風船子さんがなだめ役に

廻っていた。

ある日、予告もなしに荒川豊蔵さんがたずねてきた。皆不在で奥様が私を呼びにきて、「主人が帰るまでお相手していてください」というので、二時間ほど話をしていた。

荒川さんは昭和五年に美濃に志野の窯跡を発見した因縁話をしてくれた。それまでは志野はもちろんのこと、瀬戸黒も織部も、黄瀬戸も、現在美濃陶として知られているものも皆、瀬戸で焼かれたと思っていたのである。大昔の美濃の陶人がそもそも瀬戸から移住したので、自ら名のとおった「瀬戸焼」の名称を用いていたからであろう。美濃の窯跡群発掘の端緒をつくった荒川さんの功績は画期的で偉大なものだが、それからは発掘ブームが起こって窯跡が荒らされてしまったと嘆いていた。荒川さんにヒントを与えたのは北大路魯山人であるとも聞いた。

そんな話を聞いているうちに小森先生が帰ってきて、そこへ風船子さんがあらわれて賑やかになり、やがて酒宴になった。

お正月の小森家の初釜はとくに詳しく記憶している。

松花堂昭乗の「大聖は市に隠れる」という詩懐紙を床に掛けて、高麗台子に皆具でお茶をくださった。かならず井戸茶碗と利休の茶杓が出た。この井戸は名品だった。

日本にある名物手大井戸茶碗の中で、十指に数えうるものだと思う。釉色は少し青っぽいが胴轆轤《ろくろ》の強さ、腰鉋きっぱりと、竹の節高台たかく、高台内は土をえぐりとった箆目によって兜巾《ときん》が立っている。終戦後に毛利家から出たもので、小森さんは「毛利井戸」と名づけておられた。

利休の茶杓も毛利家の伝来であった。二本あって二本ともに贈简で、一本は「元康様参　休」とあり、毛利元康に贈られたものである。「休」の書入れは珍しく、天正十三年に利休の号を名のって以後の作であることを物語るが、謹直な筆蹟で、茶杓の端正な削りとあいまって毛利家に対する利休の姿勢がうかがわれる作であった。もう一本は逆樋の侘びた茶杓で「左右さま」が銘であるから奥方に贈られたものであろう。二本とも筒が紙袋に入り、袋には茶杓と筒の目方が何匁と書きつけられ、三名の署名捺印がされていた。毛利家の蔵調べ、虫干しの時の記録で、おそらくは何本もある茶杓を入れちがわぬための処置だろうということで、蔵係役人の正確丹念な仕事ぶりを示す資料である。この二本は外箱がなく、大きな文庫のような仮箱にゴロ〳〵と入れられていた、ほんとうにウブな道具であった。

小森先生の所蔵の茶道具を思い出してみると、鑑識力と美意識によって選択された、品物ひとつ〲が光彩を放つほどに美しいものであったことに気づくのである。

記憶しているのは祖母懐《そぼかい》の茶入、これは糸目の轆轤目が端正で、茶色の水釉の中に黄色の飛釉のある綺麗さびであった。

備前火襷《ひだすき》の茶入は、丸い形の全体が緋色に染まって、やわらかい熟柿を思わせる魅力があった。

茶碗は前にのべたものの他に、忘れられないのは花三島である。檜垣の彫りを覆っている上釉が形容し難いほど複雑な窯変をあらわしたその綺麗さは、この手の茶碗に類を見たことがない。高台寺蒔絵の棗、域ヶ端手付薄器など、名品の思い出は尽きない。

ちょうどその頃黒田領治さんに紹介され、一緒に鎌倉の家へ茶に招かれたことがある。その時話が持ちあがって昭和二十八年の初夏に、銀座八丁目千疋屋裏の金春通りの陶苑画廊で、戦後はじめて籠の個展を開いた。

黒田領治さんは人も知る如く黒田陶苑の主人であり、茶人として古陶の収集と研究をもって商人の域をはるかに脱した一見識を有する人物であったが、戦後すぐに銀座に画廊を開いたことにおいても先覚者であった。まだ、画廊というものが一、三軒よりなかった時代であった。ここではつぎ〲と各方面の工芸作家の展覧会を催して美術界の注目を引いていた。陶苑本店はまだ新橋駅前にあった。

銀座に本店を移して盛業の黒田陶苑は息子の和哉氏が継ぎ、悠々の身で鎌倉にあった領治氏も今年の春に幽界に去った。

さて陶苑の個展がすんだ頃から、私は毎日小森邸へ通うようになった。一緒に茶杓削りをはじめたからである。この作業は私が先生だった。

竹の割り方、撓め方、削り方、筒のつくり方などの秘伝を伝えた。茶杓に関する考証と歴史、茶の湯におけるはたらきについては私が生徒だった。

あたたかい日溜りで仕事をして、夕陽の影が消えるまで茶杓削りに打ち込んだ。

煤竹を田舎家一軒分買い込んでは、面白い節や樋の竹がみつかると二人して狂喜してすぐに撓め、茶杓に削りあげた。するとつぎには銘を考える楽しみが待っていた。茶杓煩悩というが、しばらくのあいだ私たちはその虜になって日を送ることになった。

指物師を一人抱えて箱を意匠しては何かとつくらせた。名茶杓が見られると聞くと連れ立って出かけ、東へも西へも行き興奮して鑑賞し、戻っては本歌どおりに削ってみた。

私の家のすぐ近くの井の頭公園の森の中に志賀直三さん（志賀直哉の弟）が住んでお

られた。この人は宗偏流の茶人で宗旦の「吹毛」という銘の名杓を持っていた。少し胡麻の吹いた竹を太目の削りにし、櫂先は剣先形の手強いものであった。「吹毛　旦」の書付は薄墨の色も侘びて、箱は覚々斎原叟と次第も上々。私は一日拝借してそっくりに模写し、宗旦が頭に入ったような心持ちであった。

小森さんとは毎日茶杓を削りながらおたがいの身の上話が出た。私も先生も本来そのような女々しい話をする性格ではないのだが、ともに茶杓削りに打ち込むことによって心が打ち解けていたものであろう。

その時に満鉄調査部時代の話を聞いた。情熱を傾けて戦争に協力し、国のために尽そうとした先生の若き日の姿を彷彿とさせるもので、この人のとかく沸騰しようとする強靭な精神は、広い大陸や南海で燃焼させたかったと思ったものである。

風流生活に入ってからも先生の会社は余喘《よぜん》を保っていたらしく、とき〴〵社員が金融の相談などを持ち込んでいた。当時はまだ場末だった渋谷駅前の広い土地が買収出来るかもしれないという話を聞いた。成功していたならば、今頃は小森財閥が出来ていたものをと残念である。

茶杓を媒体として親密になって往復が頻繁になると、小森先生はとき〴〵私の私生活を批判するようになった。先生には変に細心なところがあって、私の家へ遊びにくると私たち家族の食事などを見て「君はぜいたくすぎる」と非難することがあった。

小森門下のある若い人（姓名失念）は飯に塩をかけて食いながらよい茶碗を所蔵している、などともいった。だが私の考えはちがっていた。私は私なりに内心、小森先生の生活態度を批判していたのである。

先生は大名品を抱え込みながら、おおいに貧乏の如く見えた。徹底した風流貧乏だったにちがいない。おそらく先生は古美術の魅力から脱却しきれず、その地獄の底でもがいておられたのだろう。それほど先生の風流は懸命なものであった。先生自身はそれでよかろう。けれども家族の人たちが可愛そうに思われた。道具の一点を売ればよほど楽な暮らしが出来るものを、というのがそばの者の感想であった。腹をへらして何が風流だ。批判をうけた私はそう思った。

私にむけられる非難は見当ちがいではなかろうか。私はまず家族の生活が大事、余裕が出来てから風流をするという現実派だったのである。

このように生活信条にくいちがいはあったが、まず〳〵平穏無事な日が経って、二人展をしようではないかという話が持ちあがった。

黒田陶苑主、黒田領治氏の口利きで渋谷の東急東横店に会場がきまった。五島慶太さんが健在で、東急には茶席もあり、数寄者お馴染みの百貨店であった。

小森先生が茶杓、私が籠で展覧会を開いた。添釜が毎日かかって、水戸幸の中村一雄さん、宗偏流の大森珠峯さん、小森先生、黒田領治さんなどがそれぐ〵趣向を凝らして協賛してくださり、賑やかに展覧会は成功であった。

小森松菴の茶杓はこのようにして世に出たのである。それからは前にも増して茶杓の虜になって、結局生涯竹材の中から六寸の魅力を引き出すことに打ち込むようになられ、後世にのこる何本かが先生の侘び心によって削り出されることになった。

東急展がすんで一ヶ月ほど経った頃に三越の美術部長数原俊治さんから電話がかかった。三越へ籠花入の作品を出してほしいというのである。

私は大よろこびだった。三越出品は親父の代からの念願だったのである。父がそれを計画し、東京美術学校の正木直彦先生に紹介状をもらっていたが果さずに他界してしまったので、親子二代の希望がむこうからやってきたというわけである。現在では想像出来ないほど三越美術部の権威は強大なものであった。

部長の言葉によると、先日の東急展を見た主任の伊坂確男さんが部長に報告して、美術部首脳を引き連れて見にいったということであった。瓢阿籠のような茶席でつかえる侘び籠は関西にもない、とおどろいたというのが各地の支店を廻って本店へ入ったこの人たちの鑑識だったのである。

二日後に三越の一行がたずねてきた。顧問の細野燕台《ほそのえんだい》翁を先頭に、部長の数原俊治さん、主任の伊坂確男さん、仕入の部長以下二人の一行五名であった。

小森邸の茶席へ釜をかけてもらって二女の彰子《あきこ》さんが点前をしてくれた。私は正木校長以来の縁を申しのべて意向を聞くと、作品がたまり次第展覧会をするように要請され、作品はいつでも美術部で頂戴したいというよい条件であった。今にして思えば、小森先生の肝いりで出来た陶苑画廊の個展がきっかけで東急展、三越展へと発展したもので、おおいに先生の恩義を背負わなければならないのだが、生活に困窮している時代は自分のことのみ考えて、その後に先生と仲たがいをしてしまったのは申し訳ないと反省している。

それから二年経って三越展を開催した。小森先生が茶杓、私が籠を出品し、私の竹芸教室の生徒さんが二十人ほど参加する連合の形でおこなわれた。

私一人がプロだったので〝瓢阿籠〟が看板の呼びもので「茶道竹藝展　池田瓢阿先生作品展　竹樂会々員作品展」というタイトルだった。この案内状のことで小森先生の不興を買った。先生は自分を表面に出さぬことが不満だった。しかし当時は素人が三越で看板を掲げることはむずかしい時代だった。玄人のきびしい技術を重んじる仕来りが崩れていなかったともいえようか。その点、現代は寛容な時代となった。素人の工作が麗々しく展示されて相当な値で買われてゆく。権威を重んじるはずの「伝統工芸展」まで素人作家に場所を与えている風潮である。

小森松菴先生の茶杓が未熟な作品だというわけではない。生涯にわたって茶道の精神と茶道具の美的要素を追求し続けてきた人の、凝結した魂がつくり出した珠玉の竹片だといえるほどのものである。それを知ってはいてもまだ看板として掲げることは出来なかったし、茶杓はタイトルになり難い。この辺の機微をうまく説明する能力が私にはなかった。

小森先生が不快感を抱いているところに油をそそぐようなことが起こった。

案内状が出来たのを見て、先生の〝賛助出品〟という活字の号数が小さいと指摘された。その時私は風邪発熱で寝ていた。そこへ先生の雷が落ちてきた。私は熱を冒して手紙を書いて「瑣事をいうのは小心である」とこたえた。〝小心〟の文字が先生を激怒させた。私は「私と先生はもっと信頼の厚い仲だと思っていた。まちがいがあれば、あの男がこんなことをするはずがない、何かの手違いだろうと解釈してくれるほどの友情がないのなら交際したくない」と申し送った。

三越展は成功したが私は師と仰ぎ、友と親しむ人を失うこととなった。

その後、私の仕事は三越の舞台を得て発展していった。小森先生と会うことはなくなったが、おたがいに心の中では懐かしがっていた。

数年経て、先生は井の頭に楽窯を築かれた。よい茶碗が出来るという噂が、近くて遠い私にも聞こえてきた。その後に先生は練馬のほうへ引き移っていかれた。その頃から楽焼が本格化してたちまち進境を呈し、水準を越す作品が製作されるようになり、第一回展が三越で開かれて成功であった。この仕事も茶杓と同じで永年のあいだに研鑽し、凝縮された美意識が燃焼したものであるから、短日月に完成度に達したものであろう。

何よりも古美術がわかり、茶の湯に堪能で、名品を所蔵し、仕事をする作業の裡でもっともむずかしいとされる精神活動の部分が出来あがっているのだから、手先の技術がそれに追随してゆくのは時を要しなかったし、技術面を助けてくれる専門家を得ることは不可能でなかった。その後の十年、小森先生は楽焼にあきたらず、信楽や備前や美濃へ出かけて作陶するようになり、小森信楽や松菴備前が生まれるようになった。

先生はいつも何かに取り憑かれたように燃えている人である。だから窯場の人もその気迫に押しまくられて一生懸命に協力し、窯の炎までが先生の狂気にあおられてうまい具合に焼けるにちがいない、と私は遠くから思っていた。

小森松菴はついに後世にこの人ありといわれる作品をのこすほどの陶芸家になりおおせたのである。

年を経て、また住まいを多摩川の向ヶ丘に移され、疎遠になってしまったが、先年の秋に私が古稀を迎え、茶会を催すについて真先に茶の湯の先師、小森先生にきてもらいたく、案内を差し出すことになった。

大寄せ茶会など絶対に出ない人が、家族づれで遠く根津美術館の茶席まで参会して、たいへんよろこんでくださった。

「碁敵は憎さも憎し懐かしし」という心境か、おたがいに血の気の多かった井の頭池畔の日々が懐かしいのである。

ときたま会う機会をつくって所蔵の茶碗や茶杓を見せあって茶を喫し、同次元の目を確かめあっては嬉しがる風流の交わりが、また戻るようになった。同好の士はあっても同じ境地に棲む人は得難いものである。

小森松菴も池田瓢阿も、今はもう年老いてしまった。それでも二人は世に謂う老人ではない。胸の中に絶えず炎を燃やし続けて消すことを知らぬ、青年ともいえる老人たちは、「やりたい仕事がまだたくさんあるんだ、何とか長生きさせてもらいたいもんだね」、と勝手な希望を天にむかって申しのべるのである。

ふたりの数寄茶人

北村謹次郎さん

北村美術館に隣接する北村邸は、庭園の東側に鴨川が流れ、比叡山や東山の連峰を借景にのぞむ景勝の地をしめている。

京の街は北へゆくのを上がると形容するが、河原町通を上がって今出川通と交差する手前の静かな梶井町の屋敷町がその所在地である。

三年ほど前（昭和五十九年）の桜が咲きはじめた四月上旬のことである。北村謹次郎氏の八十歳（傘寿）の賀の茶会に招かれた。うららかな好天の朝であった。

濃茶の席は

床　高野切　巻二　春の歌下　益田家

わがやどに咲ける藤浪たちかへりすぎがてにのみ人のみるらん

一風　白地東山金襴

中　紫地菊牡丹印金
花入　伊賀耳付
香合　交祉台牛　天の字　神戸家
釜　名物・利休好万字釜　与次郎作　平瀬家
水指　木地曲
茶入　中興名物　広沢　本歌　遠州箱　酒井家
　袋　紺地金欄　丹地筋金入　萌黄地撫子文　剣先緞子
　添状　不昧公
茶杓　清巖共筒　銘見色明心
茶碗　本手立鶴　鴻池家
　帛紗　嵯峨桐金襴
　建水　南蛮内渋　宗和箱　鴻池家

右のような名品揃いの取り合わせで濃茶をいただいたが、北村氏は甚だお元気でもてなしにあたられていた。

薄茶席に廻ると、床には白描北野本地絵巻断簡を掛けられていた。天満宮建立の図を用いられたのは、木材の山林を経営される家業を象徴してのことと推察された。

水指に志野矢筈口（草花の絵）。茶器、大菊棗。不昧在判。替、黄瀬戸六角。茶碗、左入　銘吉野。替、斗々屋。替、保全　日の出鶴。茶杓、原叟共筒　銘やまぶき。蓋置、備前竹節　元伯在判。建水、砂張鉄鉢。綺麗さびにして軽からぬ道具組みで、客も楽し気であった。

数寄を凝らした露地に配置された石造物の数々には有名なものが多く、一基一石に目を奪われた。点心席では嵐山吉兆の佳肴が供されて、北村夫人が祇園の綺麗どころを指揮して接待にあたられていた。

以上のような次第で、この四君子苑に遊ばせてもらった春の一日は忘れ難い思い出となった。

北村さんに知己を得てすでに十数年を経て、茶会に招かれたといえばいかにも親し気にきこえるが、思えば、その交際はたやすくはじまったものではなかったのである。

私が『淡交』誌に「茶杓の話」を一ヶ年関連載するについて、三都の名杓を見て廻らねばならぬ必要から、北村氏所蔵の茶杓の観覧を申し込んだのは昭和四十年半ばのことであった。二ヶ月経っても返事がもらえなかったので待ちかねていると、京都や東京の古美術商筋からニュースが入った。北村さんから「瓢阿という人はつきあっても大丈夫な人か」という問合わせがあったというのだ。それが用心深い北村さんの処世法だとのちにわかったが、おそらくいずれの古美術商も「大丈夫」という返事をしたものであろう、やがて北村美術館から「所蔵品を見せます」という日時の打合わせの手紙が届いた。そして、茶杓拝見の日にはじめて北村さんに面会することが出来たのであった。

北村夫妻と甥の木下収氏を交えてご所蔵の茶杓をすべて観覧、実測し、写真撮影まで許可されて大きな収穫をおさめた。

それが縁となって京都へいく機会にはかならず北村さんを訪問し、何か勉強したいことが出来ると美術館所蔵の品物の特別観覧を請うことになった。

北村謹次郎氏は優れた美的感覚を持った人であることがわかってきた。その収集品をおさめる美術館は、小なりといえども珠玉の古美術が収蔵されているのはよく人の知るところであるが、時として催される仏教美術や古代裂の展示には北村氏本来の美意識がよくうかがわれる。

私が特別観覧を請うたのは、ある時は高麗茶碗類、ある時は南蛮物、またある時は織部意匠のものというように、部門を分けて申し入れた。

その中で、高麗茶碗観覧の折に拝見した斗々屋茶碗はとくに窯変の美しいもので、私はいたく感動して模作を試みたが、どうしても不可能だった。

もうひとつ、金海茶碗は猫掻きの面白さで有名なものだった。これは茶人が朝鮮窯へ注文した品のひとつで、もっとも茶趣味に傾きつつも、朝鮮工人の作意の面白さが楽しく秀でた作であった。

たび〳〵お邪魔して少しずつ北村氏と親しくなってみると、私たちには共通の知人が多くあったことがわかって、会えば東西の茶事、茶会の噂や、道具収集の話、あるいは昔話などが出て楽しい風流談の時を過ごすようになった。それでも北村さんが私の訪門をよろこんでくださるほど心を開かれるのには、十年の歳月を要したのである。

このように用心深い人柄だが、いったん信用すれば厚く交際するという慎重な北村さんの気質を、私は教訓として子供たちにも話したものである。

北村さんと私の接点に古くから存在していた人に、今は亡き茶杓博士、高原杓庵先生がいた。北村さんとは風流面の友人で茶の湯、清元、観劇、と趣味を同じくした人であったから、杓庵先生について語ることは懐かしい思い出となった。

もうひとりは北村さんの茶友で、年齢も同じくらいで、昔は名物道具争奪戦で鎬《しのぎ》をけずった仲だともいう大阪の吉兆庵、湯木貞一さんがいつも話題にのぼった。

北村さんの言葉では「湯木さんは働き者の成功者で、儲かる商売をしてはるよって、いくらでも道具が買えるお人」という。一方で湯木さんは「私ら細かい商売やが、北村さんは山の樹を伐って売れば欲しい名器がなんぼでも買える幸せなお人や」とおたがい相手の身の上をうらやむが如き口ぶりである。

「本心はどないやろ」と思いながら私は聞いているが、甚だ興味深い収集家両横綱の話しぶりである。なるほどお二人はよく所蔵品が衝突しているので、一種のライバルともいうもので、「碁敵は憎さも憎し懐かしし」というようなところかもしれない。

昭和二十一年、二年、終戦まもない頃の思い出話を聞いたことがある。古い財産家がいっせいに所蔵品を放出した古美術戦国時代のことである。

善田昌運堂が自宅の広間にいっぱいの道具を陳列して売立てをした時の話だが、北村さんはたくさんの道具を買入れたが、市電は満員、自動車はないという混乱の時代で、やむなく北村さんご自身が大風呂敷を背負って自転車で家まではこんだという。その姿を思い描いてみると愉快でもあり、四十代にしてすでにたくさんの古美術をわがものにした情熱にも感心させられた。

この善田の主人・喜一郎というのは変わった商人で、推薦する道具を断わると、言葉を荒らげて叱りつけ、「こんなよいものを買わんことがありますか、買っときなさい」ときめつける。というのは心からこの名品をこの人に持たせたいという親切心から発したものだったらしい。それほど自信の持てる品物を世話するのだが、生え抜きの茶道具屋のこととて、とびはなれた芸術性のある純粋美術は扱わなかったので、せっかく古美術氾濫時代に遭遇しながらも、忘れ難い名宝を逃がしているともいわれた。

ある日のこと、北村さんに名物高麗青磁匹田筒の茶碗をみせてもらった時、その外箱に茶碗の由来を書きつけているのが喜一郎氏であるといって、また喜一郎氏の思い出話をうかがった。

「よく外箱をつくっては箱書をしたがる人やったんです」という喜一郎氏の癖も知った。私は善田氏とは面識がなく、京都美術倶楽部の社長であったという経歴を知るのみであるが、善田先代の話を聞くにつけ、喜一郎氏の娘婿にあたる古曽志《こそし》文吉さんと親しく交際している私には、興味が感じられていろ〳〵と質問を発したものであった。

さて、永年の収集生活のあいだに接触のあった古美術商の品定めもうかがったが、分林、古賀、戸田などがつぎ〳〵と出て、それ〴〵の商法と人物像が彷彿され、北村さんの生涯かけての美術愛好の重みとともに楽しい話柄のうちにうかがわれたのである。

昔から、伝来された美術品は、人と人との縁に結ばれてつぎの時代へと伝えられてゆく。まことに興味の尽きぬ流転の様相である。

近年、北村さんは一ヶ月に一度、私に葉書をくださる。連載執筆中の掲載誌を送った礼であるが、いつも機知に富んだ面白い文章が綴られていて、流麗な筆蹟とともに北村さんのお人柄があらわれた楽しい便りなので、私はその便りを楽しみにしている。

湯木貞一さん

現代は財界人に数寄者が少ないと嘆息する声を聞くことがある。数寄者とは茶の湯をする人という意味であろうが、美術品を好み、収集していても茶道を習得するのはごめんだと敬遠する人が多いというのだ。理由を聞いてみると窮屈だというのだから、どうやら茶を指導する人の力不足が原因となっている場合が多いらしい。茶道の本質の何たるかを正確に理解せしめる力が不足しているのではないかといわれている。

絵画や陶磁器がわかる収集家に、茶道のよさがわからぬはずがないと解釈している私には、このことが残念でならないのである。そこで当の収集家に聞いてみると、窮屈な上に時間がないという返事が返ってくる。しかしゴルフに出かけると早朝から夜までの時間を費やしている。現代はゴルフが交際の媒体となっているから仕事の一部なのだが、茶を愛する者にとっては味気ないことで、球を打っていても教養は付かんじゃないか、と思うのだ。本来、ゴルフはスポーツ、茶の湯は趣味道でまったく別ものである。

茶道ははじまってから五百年近くの年月を経たが、この間に東洋の文化と日本的教養のエッセンスを総合して世界に類をみない趣味道に成長した。室町末期から昭和にいたるまで、茶道は天下人や国を動かしてきた人たちの教養であり、交際の媒体としても利用されたゆえもあろうが、その効用よりも先に、知識人たちをとらえて離さぬ高次元な知的遊技としての魅力を内包していたからだといえるのである。

と、このように申しのべると理屈っぽくなるが、以上のような意味の嘆息をいつも漏らしている人物が、今回の主人公なのである。

料理界の紳士、湯木貞一さんに会ったのはもう三十年も昔のことである。私はこの人を「吉兆」の主人と知っていたが湯木さんは私を知らなかった。というのはつぎのような事情である。

前述の井の頭の水戸幸別荘に戦後に居候している時のことである。連続一ヶ月という大茶会があって五都の数寄者が招かれていた。

ある日のこと、露地に水を撒いていると、客が席を出て庭の腰掛待合へ移るのが見えた。その中に見知らぬ人がいた。ひときわ背が高く、痩せ形の紳士である。「あの背の高い人は誰?」と傍らの者にたずねた。「大阪の吉兆さんです」「へえ、吉兆さん! 実業家みたいだなぁ」というようなことを私語したのを覚えている。すでに湯木さんは収集家としてその名をとどろかせていたのである。

湯木さんと私のふれあいはそのまま十数年を経た。

その頃私は京都在住の高原杓庵さんを茶杓鑑定の師匠と仰ぐべく、祇園、新門前縄手の家へたび〳〵訪れるようになった。杓庵先生は湯木氏の親友である。湯木氏はよくこの家へ遊びにきたらしく、ある日のこと、「今、玄関で会わなかったですか、大阪の吉兆さん」といわれて、「会いたかった」と思ったことがある。湯木さんはここへくると半日ほども話し込んでゆくことがあったが、私とはいつもすれ違いだった。

高原、湯木のご両人は共通することが多く、お茶と道具と芝居で趣味が一致していた。杓庵先生はまるで茶杓の神様のようにいわれて権威ある書も多いが、慶應義塾大学を出て就職した毎日新聞で、永らく演芸欄の記者をつとめた人である。それゆえに芝居や芸能に詳しく、一方、学生時代から道具を買いはじめた骨董好き。湯木氏に会うと話が尽きなかったわけである。

昭和四十年代に入って「吉兆」が東京築地へ店を出した。そのすぐあとに私は一席設けて、高原杓庵氏と小堀宗慶氏をお招きしたことがあった。吉田露香さんと吉田梅露さんがお相伴であった。抱一の鴛鷺の図が掛かっていたから冬だったと思う。その綺麗な画に感じ入ったのと、吉兆の若いお内儀さんが、金の釜で雑炊を煮てくれたのを記憶している。湯木一族でいちばんはじめに会ったのがこのお内儀である。

つぎの年に私の三越展にきてくれた湯木貞一さんは、この築地店の店長夫人・照子さんを伴に連れていた。壁面に掛けて花をいれてあった「花筐《はながたみ》」の籠を指さして、

「これは売れているようやけど」

「売れていますが、そっくりにつくりますから注文してください」

「それはあきまへん。この物が欲しいのや」

と湯木さんは強引である。「かならずこのとおりにつくります」と食い下がって注文をもらった。ついに初対面の挨拶はしなかった。

その作品が気にいって、それからたび〳〵籠花入を買上げて吉兆の床の間に置いてくれた。瓢阿籠のよき理解者になってもらったわけである。

ある日の夕刻に「ちょっと来てくれ」という電話があって急いで井の頭から馳せ参じると、挨拶をする間もなく、オードブルがはこばれてきた。一献交わしながらの雑談がはじまった。例の如く道具の話である。しかしいったい何のために呼ばれたのかわからない。食事がすむと店長の湯木昭二朗さんがあらわれて薄茶を点ててくれた。

茶杓の拝見を請うて見ていると、

「誰やわかりますか」
「さあ、桃山頃の形だと思いますが、堺か奈良の茶人あたりでは」
「さすがや、今井宗薫ですわ、じつは今日きてもろたのはその用件で」
といいながら筒と箱を出してきた。買うか買うまいか迷っているらしい。私は相談に呼ばれたのである。茶杓は宗薫の気分をよく伝えていたが筒がどうもぴんとこない。外箱の原叟がまたいけない。率直に意見をのべた。

一昨年の秋の旅行の時に家族で大阪高麗橋本店を訪れた。「金地粉溜蒔絵の錫縁香合を見せてほしい」と注文してのことであった。

食事中も名品拝見の時が待たれて落ち着かなかった。果物のあとに箱が持ち出された。六角の金地に亀甲文の青貝を嵌入した名品で鎌倉時代のものと見え、眼福だった。

薄茶が出たので数茶碗をほめて作人を「昭二朗さんでしょう」と言いあてると、「本歌をお目にかけましょうか」といって不昧公箱書の茂三《もさん》茶碗が出てきた。茂三の名品であった。

その日に長男湯木敏夫氏に紹介された。この人は表千家の茶人であり、大阪社交界に顔の広い人である。

吉兆老人と会うと茶会の噂と古美術談に楽しいひとときを過ごすようになった。身の上話も聞いた。「大器晩成」という文字がある。湯木さんほどこれにあてはまる人は珍しく、八十歳をいくつか越してなお、大成する道を歩み続けているかに見える、この人の見識と人格をもって「吉兆」は日本一の料亭に昇格していったと思う間もなく、一族が緊密に結びついて湯木翁をたすけ、日本料理に新風を吹き込んで、今では世界の吉兆ともいわれるようになった。

湯木さんの話を聞いてみると、この人はよい星の下に生まれた幸福な人だということがわかる。一生のうち、苦境の壁にぶちあたるかと思うと、かならず道がよいほうに開ける運命をたどったのだという。波乱の多い戦前、戦中、戦後を生き抜いてきたが、最近にいたっては築地の店を新改築したのちにサミット会議が開かれ、各国首脳に食事を出すことになり、世界中に名を知られるようになった。このタイミングもまったく幸運といわねばならない。その昼食会には料理のみでなく、日本古来の美術品を陳列して日本文化のために気を吐くという、あたりまえの料理人にはなし得ないもてなしを展開して権威を誇示したものであった。

数々の著者はベストセラーとなって吉兆の名を高め、〝吉兆スタイル〟という流行を料理業界に流布せしめた。

ＮＨＫの特集番組『三十六歌仙の流転』に出演して、名幅「業平」の所蔵者として、湯木さんはいみじくも語った。

「事業が栄えて仕事が面白い、それでお茶があったらその人の人生はいっそう深みがありますわなぁ」

この言葉は財界人の趣味生活をいったものだが、ご自身の述懐ともうけとれるものであった。それほどこの人は茶の湯が好きなのである。湯木さん担当の茶会は、いつも参加者の感銘を呼んだ。

四年前の秋に催した私の古稀茶会の客のうちで、いちばん嬉しい批評をしてくれたのも吉兆老人であった。寄付に松花堂昭乗の「龐居士《ほうこじ》竹割図」(江月賛)を掛けた。これは青地家、原三溪伝来の逸品で寄付には重すぎる。だが、本席へ入った湯木さんはそれをいわず、つぎのような挨拶に代えた。

「寄付ではおどろきました。竹割図とは、まあ瓢阿さんに打ってつけのものですなあ」

「はい松花堂さんにたのんで描いてもらいました」

私は吉兆老人の言外の意見に気づかず、そんなこたえ方をしてたわむれた。

「いや、あれを拝見して、これで本席の掛物をどないしやはるやろ思うて心配しましたがな」

これを褒め巧者の言葉として私は嬉しかった。

「なるほどなあ、これで納得がいきました」

といって老人は床を見あげた。

掛物は元の高僧、唯堂守一が修業僧無夢一清に与えた墨蹟、送別偶だったので、寄付の松花堂、江月をしっかりとうけとめてくれたと自慢だったのである。

若主人昭二朗さんが同伴だった。もう六十歳近いこの人も茶人で、料理は親ゆずりの名人である。余技は知る人ぞ知る茶碗づくりで、私とは親しい陶友として切磋琢磨する仲間である。

吉兆で料理を食べてみると、四季それぞれの趣向と、それにふさわしい食器が意匠されていてまことに楽しめる。およそは茶道の懐石道具の取り合わせに準じているものだが、機知に富む新作陶器を交えてある。やきものの相談相手は昭二朗氏であり、食後の抹茶の茶碗は皆この人の作である。

日曜日にはよく陶芸クラブで顔をあわせて、ひととき風流談を交換する。父、湯木貞一さんの話がよく出るが、それにつけてもつら〳〵思うのは、同じ料亭主人で茶の湯を趣味とし、茶道具を収集した八百善、栗山善四郎さんのことである。なか〳〵の数寄者で目利きで、名品を収蔵したが、道具に溺れ過ぎて江戸以来の店を傾けた。

それに反して湯木貞一さんは見事、名品所蔵の権威に棹さして店を成功に導いたのである。時代の背景も幸いしたが、明暗を分けた料亭主人の生き方を見て、世渡りのむずかしさを考えさせられる思いがする。

京洛の風流散歩

私の京洛散歩には永い歴史がある。もっとも古い思い出は、漆職人田中敬六さんをたずねて時代蒔絵の見方を教えてもらった戦前、昭和十三年のことに溯るのである。その時の体験は『瑞籬の香木』という随筆集に詳しくのべたので今ははぶくが、戦争によって中断された京都行きが再び戻ってきたのは戦後、昭和二十二年のことであった。戦災によって多くの都会が焼野原と化してしまったのに反して京都は無傷のままにのこされ（一部強制疎開された地域もあったが）、殷賑《いんしん》を極めていた。三都の商人と物質が京都に集中したかと感じられるほどで、街中が活気に満ちていた。おそらく市内の人口は大きく膨らんでいたのだろう、どこへ行っても人が多かった。私の古い知人である赤坂水戸幸の吉田孝太郎父子も京都に家を持って、忙しい商売に平和が還った日を楽しんでいたように見えた。

私は仕事でこの人たちをたび〳〵たずねたが、行くとかならず甘い和菓子と抹茶が出るのが何よりの楽しみで、時には仕出しの食事をとってくれたり料亭へ案内もされたが、終戦直後の他の都会ではとても望めぬ贅沢が京都にはあったのである。

私が随筆を書き出して取材のために京都行きをはじめたのは昭和四十年代に入ってからのことであった。

お寺さんをたずねることが多かったが、観光や信心ではなく、いつも何かの調べものと取材が目的であった。

当時は古典落語にあらわれる茶の湯と茶道具を随筆の種にしていたのだが、安楽庵策伝の墓に詣でたのはその頃のことである。

落語の源をたどって策伝和尚の随筆『醒睡笑』八巻に行きついた私の、策伝研究の縁を深くしてくれたのは、かねて教えを請うていた名古屋の関山和夫教授であった。策伝忌が催されるから来ないかと招いてくださったのも関山先生だった。

ちょうど新幹線が開通したばかりで、私はいつもより嬉しがって西下したのを記憶している。策伝忌は十一月十五日であった。

寺は新京極のド真中にある誓願寺である。

繁華街に面した山門の裡は何やら賑わって、本堂はすでに満員の盛況であった。落語家、演芸研究家、京大落研の学生たちをはじめ信者が参集しているのだと聞いた。

安楽庵策伝和尚が何ゆえに落語の元祖といわれるか、少しそのことに触れておきたい。

策伝は天文二十三年（一五五四）に飛驒高山の城主金森氏の家に生まれ、乱世の世の人となった。幼くして出家し、各地を巡錫《じゅんしゃく》し数寺を建立したのちに誓願寺の住職となり、元和元年（一六一五）、後水尾天皇に曼荼羅を講義して紫衣勅許をうけ、元和九年（一六二三）、七十七歳で塔頭竹林院に隠居して安楽庵を建て、数寄者としての晩年を送った。説教の名人で、仏の教えを説くのに古来の民話や伝統、笑話を取り入れて滑稽談のうちに衆庶を導くのが巧みだったので、その話の散逸するのを惜しみ、収録して書きのこすべく要請したのは、時の京都所司代、板倉重宗であった。策伝はこの『醒睡笑』によって落語の元祖の如く伝えられたというわけなのである。策伝は金森家から生涯千石の扶持を得ていたというから富裕な坊さんだったのである。古田織部、小堀遠州、松花堂昭乗、烏丸光広など、当時の文化人と茶の湯や連歌をもって交わった数寄者としても名高い。

策伝忌は読経によってはじめられた。

十一月半ばの京都の寺は冷えびえと寒く、お経が長く感じられた。散華に撒かれた色とりぐ〵の蓮片は芸道上達に効能ありと聞いて知人の舞踊家元の娘さんに持ち帰ったのを思い出す。読経、献茶に続いて若手落語家が一席うかがい、法事のあとには久田宗也宗匠の懸釜の席へ招かれた。関山先生とともに仏教大学同窓の二、三人のお坊さんが連客だった。茶の点つあいだに坊さんたちは私語して今夜飲みにいく祇園の茶屋を打ちあわせていた。

この茶席で会った年配のお坊さんが昔の誓願寺の様子を話してくださった。江戸初期には一条に広大な寺域を領していたが、三条に移ってからも寺領は現在の何十倍もあった。明治時代の中期に開放してその跡に新京極の盛り場が出来た。「安楽庵の跡はここを少し上がったところで昔は氷屋と茶店がありましたが、今は何になったでしょうか」というような話であった。

私が清水寺境内の茶店を訪れて「はてなの茶碗」の取材をし、山をおりて新門前縄手に高原杓庵先生を訪問し、落語にかかわる芸談を聞き、「清水焼の数茶碗」なる一編（昭和四十九年『陶説』五月号）を書きあげたのはつぎの年の初夏のことである。

「弘法市」と題する随筆を『淡交』誌（昭和五十一年十一月号）に書いたのはそのま

たつぎの年のことであった。

この時は東寺の市《いち》の歴史を教えてもらうために、管長の鷲尾隆輝さんを訪問した。管長は若い学僧を紹介してくださって、その青年によって東寺の市が遠く鎌倉時代にはじまり、絡繹《らくえき》として現代にいたっている詳細が報告され、私は随筆に歴史の裏づけと厚みを加えることが出来たのであった。

東寺を訪れた年の秋には嵯峨棗のルーツをたずねて大覚寺へいった。というのは昔から「嵯峨の大覚寺の〝冠の間〟の欄間を飾る蒔絵が嵯峨蒔絵の本歌なり」との伝えがあるのを確かめるためであった。

大覚寺に観覧を申し入れると〝御冠の間〟は立入り禁止になっていると断わられた。そこで一計を案じて細川護貞氏の紹介状を頂戴した。というのは当時、氏は日本華道連盟の会長をつとめておられたので、華道嵯峨御流の家元を預かる大覚寺に効能ありと観測したのである。

案の状、お墨付の偉力は絶大で大僧正乃村龍澄さんが自ら門前まで出迎えて、まず客室へとおされ、菊の紋章の打菓子で抹茶を一服くださるもてなしぶりであった。

平安朝以来の門跡寺院の格式に恐縮しながら、私は嵯峨蒔絵と嵯峨棗の結びつきについてつぎ〳〵と質問を発したが、現代ではその痕跡はまったくなく何もわからぬということであり、嵯峨棗が嵯蛾嵐山の土産物だったという巷説は江戸初期の嵯峨を想像しても信じ難い。大覚寺に大棗が伝来しているという伝えは江戸期のもので、おそらく明治時代に売却されたのか、今はない、とまったく手掛かりが得られなかった。

「では」というので御座所、正しくは「正寝殿　御冠の間」の拝見を請うた。

大僧正が自ら案内に立って説明してくださったが、王座の正面の襖は四面に狩野山楽の描く西湖の山水で、この絵を額縁のように囲んで上部框《かまち》、敷鴨居、間柱を黒漆で塗り、全体に蒔絵が施されていた。大僧正の言葉によると「桐竹鳳凰文」という形式の図の鳳凰を抜いて桐竹のみを描いたのは法親王を鳳凰に擬したものだということであった。

私はつぶさに観察して写真を撮らせてもらったが、蒔絵は高台寺蒔絵といわれる形式、手法で、まったく嵯峨蒔絵とは遠く、雅趣と下手っぽさのない桃山形式であると理解された。

帰りがけに『大覚寺』という大冊の立派な本を土産にと頂戴したが、旅先のこととて有難くもまた閉口したものであった。雨の少ない年で、大覚寺の周囲ではお坊さんが衣の裾をはしょって防火用のホースで樹木に水を撒いていた。嵐山を彩る竹林、松林も赤茶けて見えた。

古田織部に心酔して、その菩提寺、興聖寺を探しもとめ、織部の墓にはじめて詣でたのは昭和五十二年のことであった。

織部が切腹して果てた旧暦六月十二日を憶うて真夏の一日を選んだものであったが、若い僧が墓に案内して読経をしてくれた時には、長くもない時間をじっと額づいているのが苦痛なほどまぶしい暑さの午後であった。本堂へ戻り冷たい砂糖水をご馳走になってから、織部関係の古文書を見せてもらった。

それからは上洛するたびに興聖寺に詣でたが、いよいよ織部病が嵩じて「織部が造った沓茶碗」という随筆（『淡交』昭和五十八年十二月号）を書くことになったが、その前にはまた寺をたずねて、住職の長門玄晃氏に会い、織部に関する新たな疑問について質すことになった。

年を経て私はますます織部に傾倒し、古織の指導があったとおぼしき各地の窯場を巡って古陶の再現を試み、ついには「古田織部を慕う池田瓢阿の陶芸展」（昭和六十年

／日本橋三越）と銘うった展覧会を開くにいたったのはまことに面映いことだが、何ごとにも熱中せずにはいられぬ性癖のゆえに、知人に迷惑をおよぼしたことを恥じている次第である。

私の京洛散歩は取材の寺院巡りで、いつのまにか観光の目的も達せられたので、もとめて名所巡りをしたことはない。

お寺さんのつぎに知己の多いのは美術商である。

私の仕事の性質柄それは自然のことであるが、多くの美術商とつきあってみると、この仕事に携わる人たちほど個性に富む商売は他にないように感じられてくる。仕入れる品物が主人の美意識や感覚によって選ばれるのはもちろんのことだが、それら古美術に対する思い入れや扱い、売り方にもそれぞれに異なる形がみられ、あらためて観察してみるとたいへんに面白い。

かくも個性的な古美術商の中でも善田昌運堂から出た古曽志文吉さんはとくに変わった人物で、よくいえば学識深い美術商とでも申そうか。といって彼が最高学府にまなんだというわけではない。商売の道にしたがって研究を繰り返すうちに実地に即した学問の蓄積がかさなって、いつか学識とも呼べる域にまで達してしまったという、そのような人物なのである。

彼は一品入手するたびにその品物に関する歴史上、美術史上の位置を調べ、技術的伝統と工芸的手法を探求しようと努力し、納得しなければ手離さないという、そのような商法を実行している。扱う品物は少年時代から修業した茶道具をはじめ、絵画、墨蹟、書蹟から考古美術、西洋、オリエントの古代美術、モダンアートにまでおよんでおり、美しい物は見逃さぬという視野の広さに実際に売買した実績の裏打ちがともなって、重厚なほんものの鑑識眼をつくりあげているのにはたびたび感心させられる。

私は親しい仲から「古曽志教授」という敬称を奉ってひやかしているが、京洛散歩の途次には彼の店を訪問することを、一種の勉強と心得ているのである。

古くは鴻池の草間和楽、大阪財界の平瀬露香、茶道具商戸田露吟、小田栄作などをあげつらうまでもなく、関西の商人には学問を好む伝統があって勉強家が多い。町人の学問には江戸時代の昔から伝統が根づいている土地柄は、京にも大阪にもいえるよい環境であるが、とくに教養を必須とする骨董商に学者が多いのもむべなるかな、とうなずかれるのは古曽志氏ひとりのことではない。

年齢とともに半隠居の境遇となった私の京都通いは、やや回数を増すことになった。二十年来、宿は二条大橋畔のホテルフジタ（現在ザ・リッツ・カールトン京都が建つ）である。

滞在中に私が散歩の足をむけるのは二条大橋を起点として鴨川堤を上賀茂まで上がったり、法然院まで車でいって東山山麓の道を南禅寺まで下がったり。時には足をのばして嵯峨から嵐山、松尾、北は光悦寺、たまには花背の峠を越すこともある。

博物館と美術館に寄るのは仕事柄かならず予定に入っている。

夕食後は街へ出て寺町の古書店を廻り、四条河原町から八坂神社までの繁華街をぶらついて買物などをすることもあるが、かならずたずねるのは祇園石段下の近藤美術店である。

この店とは二十年にわたる馴染みだが、主人の近藤金吾氏はあまり店頭に顔を見せない人なので、親しく話すようになったのは十年来のことで、私の随筆の愛読者ということで話がはずんだ。寡黙な人柄ながら業界では特異な存在で、じっくりと品物をあつめては機を得て大きな展示会を開く。

時にはその収集がひとつの流行を導き出す契機ともなることがある。ひと昔前の信楽壺の展示会はそのひとつの例であった。

店が祇園の場所柄のゆえもあって、文人墨客、芸術家、収集家の顧客が多い。また生涯を通じて、不遇の芸術家を引き立てて世に出すことを楽しみとする陰徳を積んでいる人でもある。

私は立ち寄ると一服の茶を所望して、近藤さんと風流談を交わす。主人不在の時には奥さんと猫の噂をする、猫好きの趣味が一致している愚妻を交え、ひとしきり猫談義に花が咲く。

東京では多忙な私も、京都へいった時はいたって暇な一老人となって楽しい休暇を過ごすことにしているのである。

だが、時に応じては取材や古美術の勉強に時間を費さねばならぬこともある。そんな時には美術館と併せて古美術商の所蔵品を見せてもらうことにしている。前述の古曽志さんと、つぎにご登場願う縄手の柳孝《やなぎたかし》さんが私に迷惑をかけられる人たちである。

ある時博物館関係者が「よく協力してくれる人です」と柳氏を評するのを聞いたが、それは柳氏が古美術をたんなる商売と考えず、ことに触れて美術界に貢献せんとする姿勢を惜しまぬ人柄をいったもので、博物館の特別展などに所蔵品や客先の名品を貸し出す斡旋に、多くの面倒がともなうのを厭わずにはたらいてくれるとのことである。

公設の機関への協力のみではなく、民間の研究者や製作者も、柳氏の恩恵を被った人は多い。

私もそのひとりで、先年高麗茶碗の研究をはじめた時に見学を申し入れたところ、二階の広間に十五、六点の茶碗をならべて見せてくれたので、おおいに知識を深め、高麗茶碗の深奥に触れることが出来たものであった。

私の息子たちとのつきあい方を見ても、この人はどうやら十年、二十年先を見て歩いているように思えてならない。

柳氏を通じて版画家、徳力富吉郎氏を知った。柳氏から徳力氏の著書『茶杓物語』を贈られたので収集の織部茶杓の観覧を申し入れたのがきっかけであった。

それを機会に徳力氏は茶杓削りを習いたいと申し出されて私に入門を請われ、私は京都へいくたびにお教えする旨をこたえて、東山丸太町から一本通りを下がった、疎水にそったお宅へうかがって、まず一本削ってもらった。

私は徳力先生に知己を得たことを、おおいによろこんでいた。というのは氏が古美術と故事についての知識の泉の如き人であることを知っていたからである。

それから二年経って『花背随想』（淡交社刊）と題する随筆集を出された出版記念の茶会が花背の別荘で催された。京の桜は散りはじめていたが山里の花背にはうす寒い風が吹いて花も三分咲きであった。

別荘は田舎家風で寄付には蘇東坡の竹の大幅が掛かっていた。この絵は五十年前に横江竹軒の売立てに出て、若い私がいたく欲しがった思い出のある懐かしい絵だったので、旧知に会った思いがした。

ミロの絵付の水指や考古美術の花入が出て面白い茶会だった。庭の点心席には京都の名士の顔が揃い、祇園の綺麗どころが給仕にあたっていた。坊さんの姿が多かったのは、徳力家が代々本願寺さんの絵所をつとめておられる縁によるものだと察しられた。

徳力氏は東京で私が催した「古田織部を慕う池田瓢阿の陶芸展」にも、大阪の「籠と茶陶展」にもきてくださった。思えば私が過去にも現在も、茶杓削りをお教えした人には人生の先輩が多く、お教えするより教えられることのほうが多いという思わぬ恩恵を被っている。徳力先生もそのひとりなのである。

この稿を執筆中に、私は自分が催した古稀の茶会とそれに使用した元の禅僧唯堂守一の墨蹟と、その内容の解読をお願いした大徳寺塔頭徳禅寺の僧、橘宗義さんのことを思い出した。

橘さんとはかねて文通の交際があり、籠組物《かごくみもの》について私がお教えする立場にいたのだが、今度は先様が専門の禅語尺牘《せきとく》のことゆえ、お教えを請うたのである。橘さんは立花大亀老師のお弟子さんで、学識深く、若くして住職になった人だと聞いた。

私の茶会では橘さんからもらった解釈を申しのべて成功であった。終わって関係者にお礼に廻った時に、徳禅寺へ寄ってはじめて対面した。

一見して立派なお坊さんで、年が意外に若く見えるのにおどろいたが、体格のよい美丈夫で、読経できたえた音声は朗々としてまことに魅力横溢の人であった。清少納言の枕草子の文章を思い出して、この人は出世するぞと直感したものだが、僧籍にある人にそんな批評は失礼かもしれぬ。

ごく最近に知りあったお坊さんは、山科毘沙門堂の執事長、生田孝憲氏である。この人との出会いはまったく私の心臓の強さからはじまったものである。

かねてから私は毘沙門堂の環境が好きで、たび〳〵訪れている一般参詣人のひとりであった。春は桜、秋は紅葉が背景の山の緑に映えてまことに美しく、周囲の静けさとともに休暇の午後のひとときを過ごすにはよい場所なのである。

去年の晩秋のこと、駐車場に車をいれて下車し、左手の山の斜面を見ると、十数本の竹の切株が目についた。伐り放して年月を経ているらしく、竹幹は飴色に時代色をおびている。これでは土に埋もれた部分はたぶん真黒に土のアクに染まって片身替りの景色をつくっているにちがいないと瞬間に判断して近づいてみると、切株は太さ十二センチ位で竹花入に最適である。

私はさっそくに庫裏を訪れて、門跡さんの所在を問うたが不在とのことで、帰京ののち手紙を出して、竹を所望したき旨を申し入れた。

やがて電話をくださったのは執事長の生田氏であったが、まもなくドカンと大きな荷物が届いた。さっそくに開いてみると泥のついた竹幹、竹根であったが、水で洗ってみると、私が鑑定したとおり片身替りの寂び景色のすばらしい竹材となった。肉の厚みから判断するとこの藪は古いもので、上部の竹幹を伐り放してからでも十数年は経っていると思われる時代色をしていたのである。

さっそく上洛して毘沙門堂をたずねた。生田孝憲さんの話を聞くと、僧籍にあるのは永く、仏教大学の教授をつとめたり、方々の寺の住職を歴任したということであったが、話の面白い人で、今は毘沙門堂の復興に全力を傾けているとのことであった。何十万坪という寺域の山林を管理するのは大仕事にちがいないと察せられた。

かねて光悦茶碗「毘沙門堂」はこの寺に在っての銘と聞きおよんでいたが、江戸時代の代々の門跡さんの風流生活によって多くの名宝を収蔵されていたものの如く、光悦も茶道上の交際があって赤茶碗を寄贈したということである。

高麗茶碗にも「毘沙門堂」という「柿の蔕《へた》」があり、蔵品の筋のよさが推察出来る。所蔵品は大正年間の売立てによって散逸してしまったとのことであるが、おそらくは寺の維持費につかわれたのであろう。

毘沙門堂の名宝売立てによって利を得させてもらった茶道具商たちが語らって寄進したものらしく、表門の石段の両側を飾る石柵には、京都の業者、林新助、善田喜一郎、土橋嘉兵衛などの名がきざまれている。

毘沙門堂の春秋は美しく静寂に満ちているが、石垣にのこされた連名は、寺の名宝を引き出さんと、この石段をのぼりおりしたことであろう茶道具屋連の、俗臭の名残りをとどめて興味をそそる。

その人たちも今はもう皆、幽明の彼方へ去ってしまったのである。

あとがき

「風流紳士録」を書き終えて単行本にするための校正などの作業を続けながら気づいたのは、紳士録にご登場いただいた人たちが皆、私とははるかに遠い位置にある偉い人たちだったということである。

茶道や風流の交わりは、いつの世にも身分の隔たりを取り払ってくれるものだというが、私も風流の功徳に助けられ、竹芸という特殊な仕事を仲立ちとして、紳士たちとご交際をいただいたことを何よりの誇りにしているものだ。

私はいつの場合にも、職人であるという卑下した態度で人と接したことがない。現代は知らず、身分をうるさくいった戦前には、さぞ生意気な若者に見えたことであろうが、私をして卑屈な人間に育てなかった父母に感謝する心持ちは深い。そこで私の心をよぎるものは生いたちの思い出から溯って父母に対する思慕の情念である。

人は年老いるとともに父祖に対する思いがいや増すものだと聞いているが、その類いの心情にとらわれているのであろうか。

「人は一代にして成らぬ」という諺にもあるとおり、私も人後に落ちず父と母との性格や趣味や教養をうけ継いで、それが体の中に生きていることを思い知らされている。

父善太郎は波乱の生涯を送った人だが、若い頃には漢学をまなび、その教師をつとめていた。中年にいたっては九十度の方向転換をして証券界に入り、ただちに頭角をあらわし、傍ら証券新聞を発行して自ら筆を執った。浄瑠璃を能くし、画作、楽焼、茶道を趣味とした風流人でもあった。籠づくりも趣味的余技のひとつで、晩年に本業としたものである。

母琴子は文筆を志して、ひとときは明治、大正時代の文豪、歴史小説家で朝日新聞の客員だった渡辺霞亭の弟子となり、新聞小説「渦巻」の三分の一は代筆をゆだねられるほど将来を嘱望されたが、結婚によって挫折した人である。

私がもし少しでも文脈を綴る才分をあらわしているとするならば、この両親からうけた血によるものだと思う。

父母はもうひとつ、書を能くした。父は王羲之をまなんでその風を脱却し、母は行成を手本として死ぬまで手習いを怠らなかったが、私は書道の天分を遺してもらえなかったようである。

この本を書き終えて読み返してみると、ご登場いただいた人たちの多くが故人であることに気づく。この世にない方にも存世の方にもお詫び申しあげたいのは、私の拙筆によって昔話を掘り起こし、話題として、ご迷惑をおかけしたことである。

しかしながらそのどの人々も私にとって懐かしく、本格正道の風流への指針を示して導いてくださった得がたい紳士であったことへ、感謝をささげたいと思っている。

『目の眼』に連載中は安藤秀幸氏に世話になった。本書の刊行に際しては、小川美代子女史、飯島洋子嬢の尽力を感謝している。

昭和六十二年六月

瓢阿識

思い出のアルバム

ありし日の著者

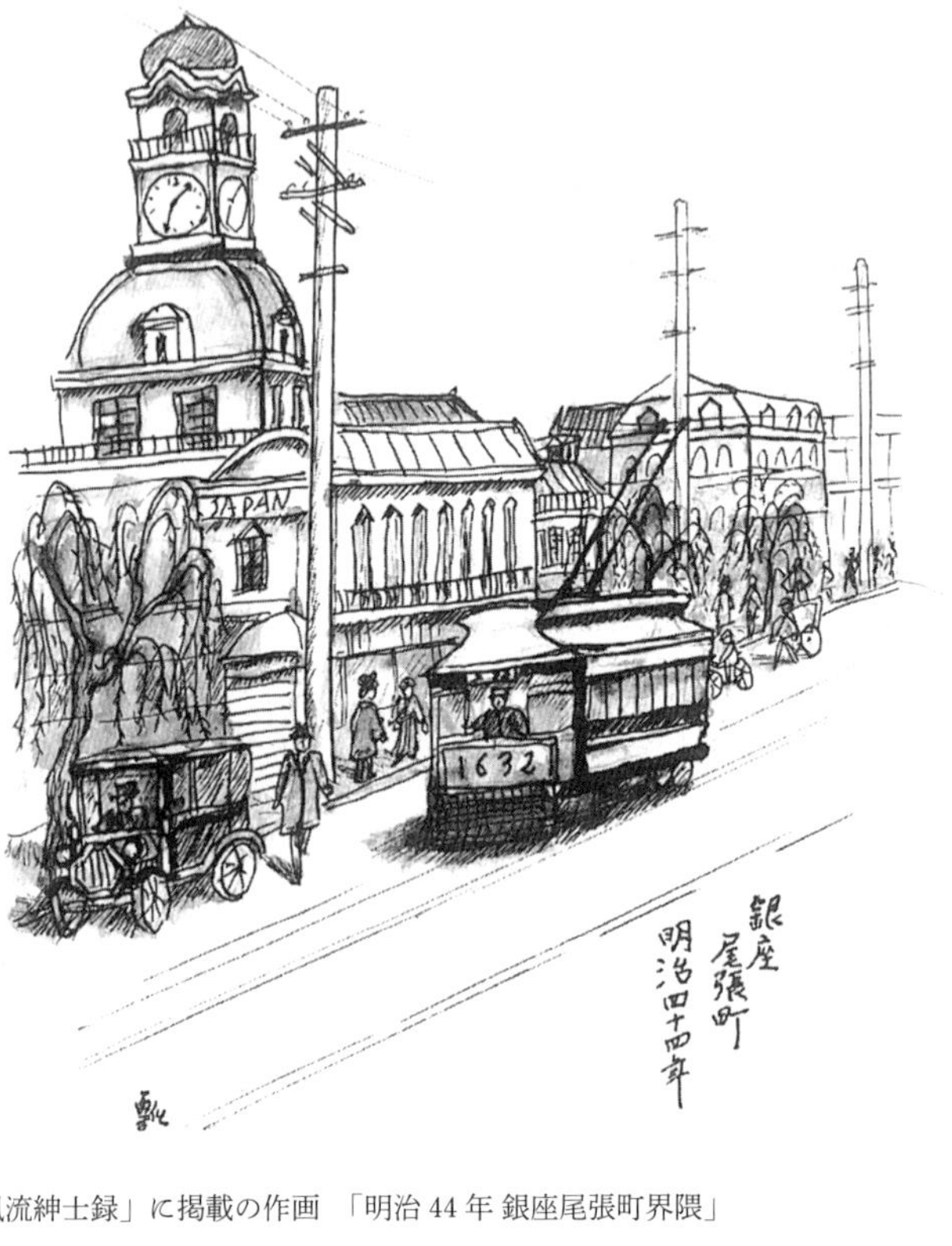

「風流紳士録」に掲載の作画　「明治 44 年 銀座尾張町界隈」

「風流紳士録」に掲載の作画 「外濠線電車 喰違見附のトンネル」

「風流紳士録」に掲載の作画　「小森松菴邸の露地」

「風流紳士録」に掲載の作画　「京都・祇園の巽橋」

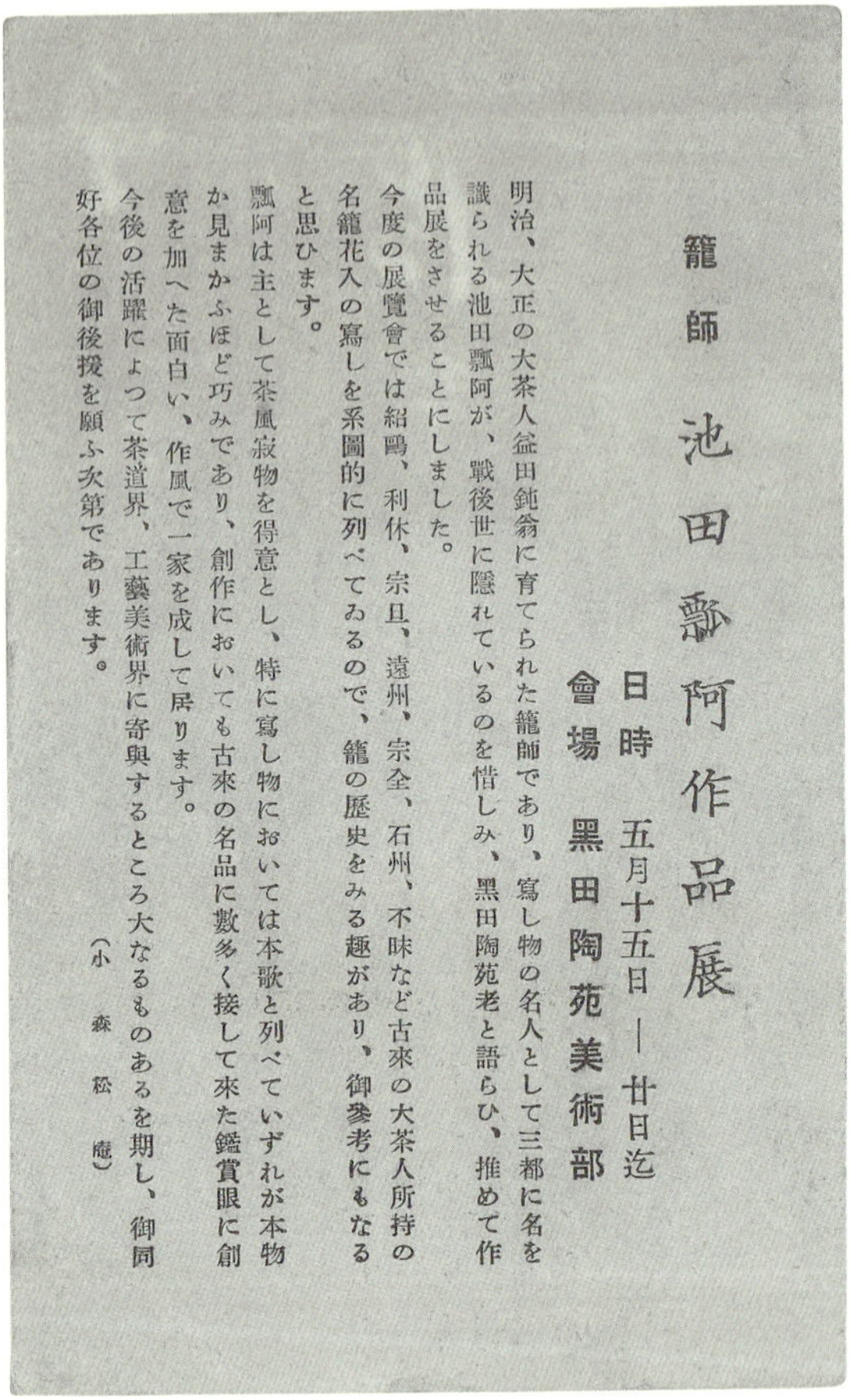

籠師　池田瓢阿作品展

日時　五月十五日—廿日迄
會場　黒田陶苑美術部

明治、大正の大茶人益田鈍翁に育てられた籠師であり、寫し物の名人として三都に名を識られる池田瓢阿が、戰後世に隱れているのを惜しみ、黒田陶苑老と語らひ、推めて作品展をさせることにしました。

今度の展覽會では紹鷗、利休、宗旦、遠州、宗全、石州、不昧など古來の大茶人所持の名籠花入の寫しを系圖的に列べてゐるので、籠の歷史をみる趣があり、御參考にもなると思ひます。

瓢阿は主として茶風寂物を得意とし、特に寫し物においては本歌と列べていずれが本物か見まかふほど巧みであり、創作においても古來の名品に數多く接して來た鑑賞眼に創意を加へた面白い、作風で一家を成して居ります。

今後の活躍によつて茶道界、工藝美術界に寄與するところ大なるものあるを期し、御同好各位の御後援を願ふ次第であります。

（小森松庵）


昭和28年（1953）、戦後初めて開催した個展のハガキ。

小森松菴氏が推薦文を記す

個展会場、銀座の黒田陶苑の店先にて

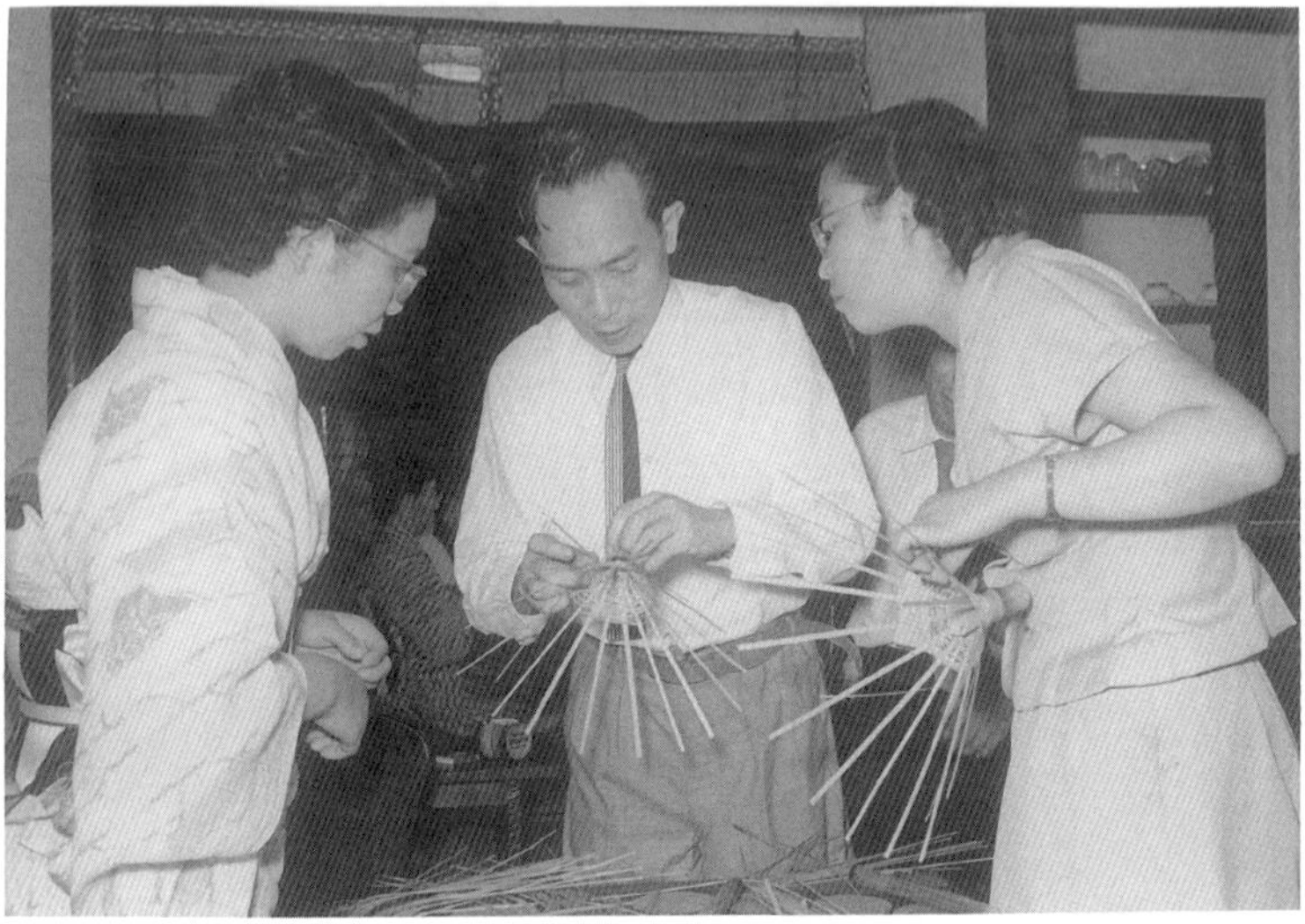

昭和28年に創設した竹芸教室「竹樂会」での籠づくり教室

「竹樂会」での茶杓の教室

昭和30年（1955）10月11日〜16日、渋谷の東横百貨店の画廊で開催された
「小森松菴茶杓展　池田瓢阿籠作品展」会場風景

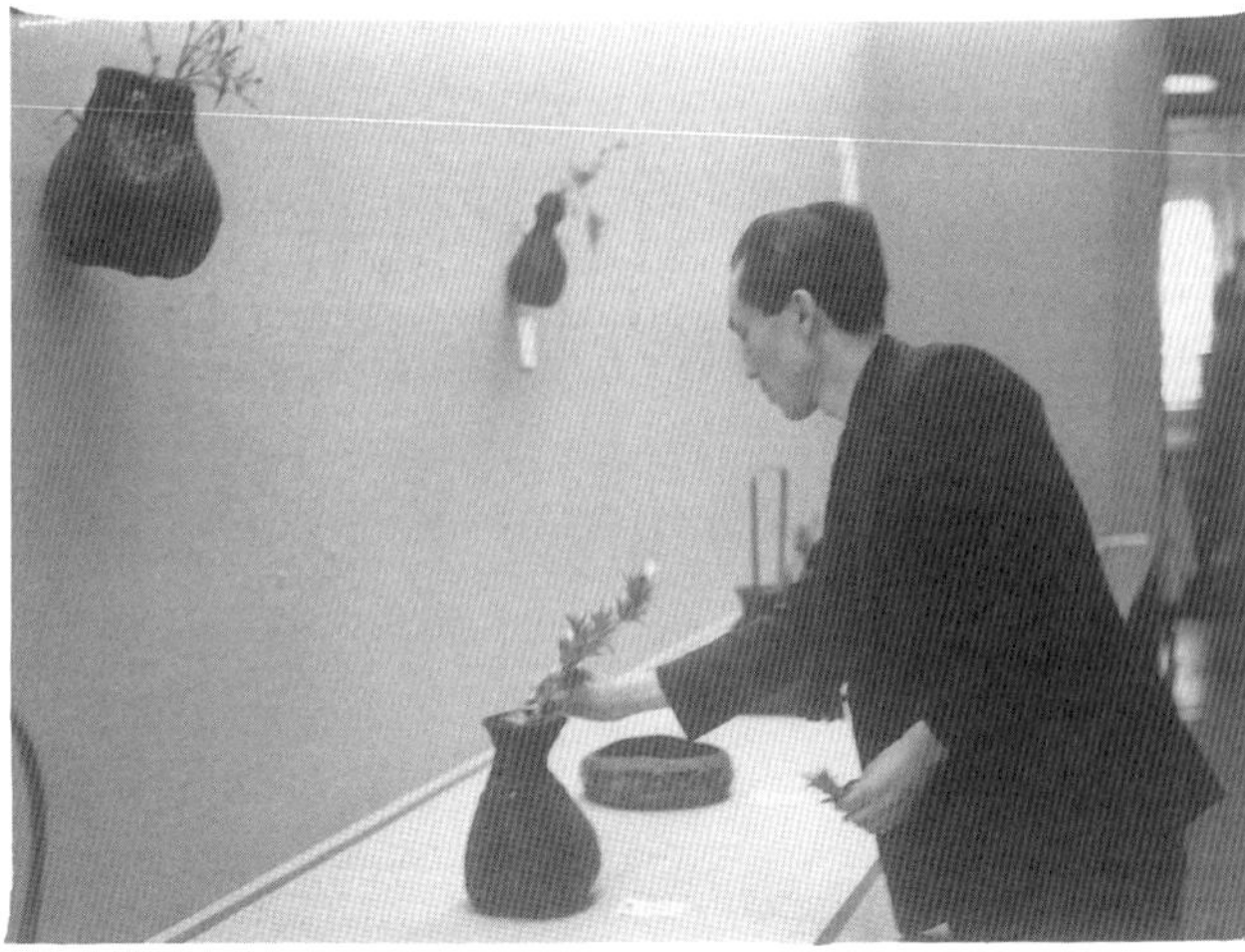

同展では八重柏正英氏が花を入れた

展覧会に来場した、辻留・辻嘉一氏

展覧会に来場した、八百善・栗山善四郎氏

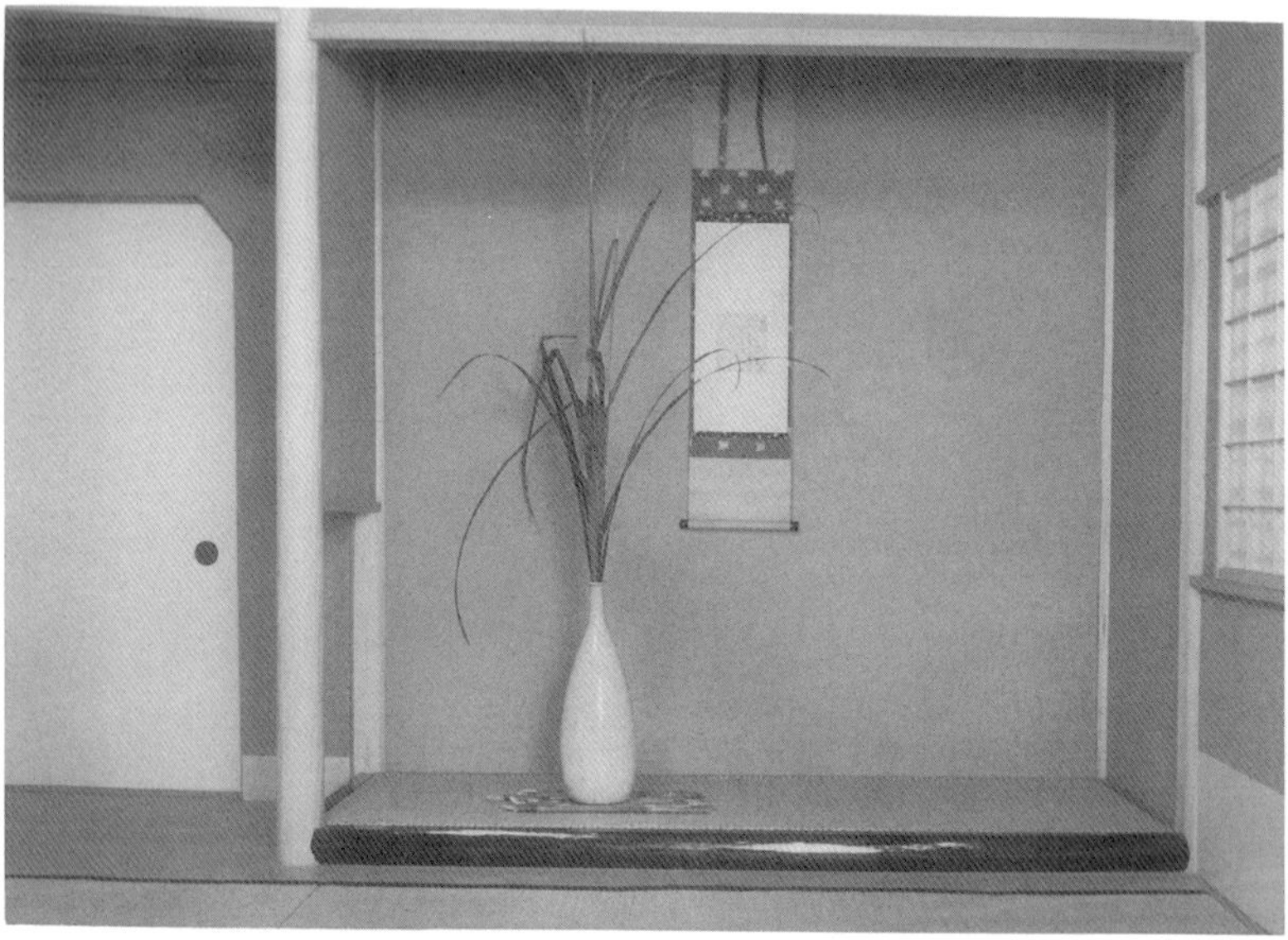

初日の 11 日、画廊前にある茶室「和敬庵」で小森松菴氏が席を持つ

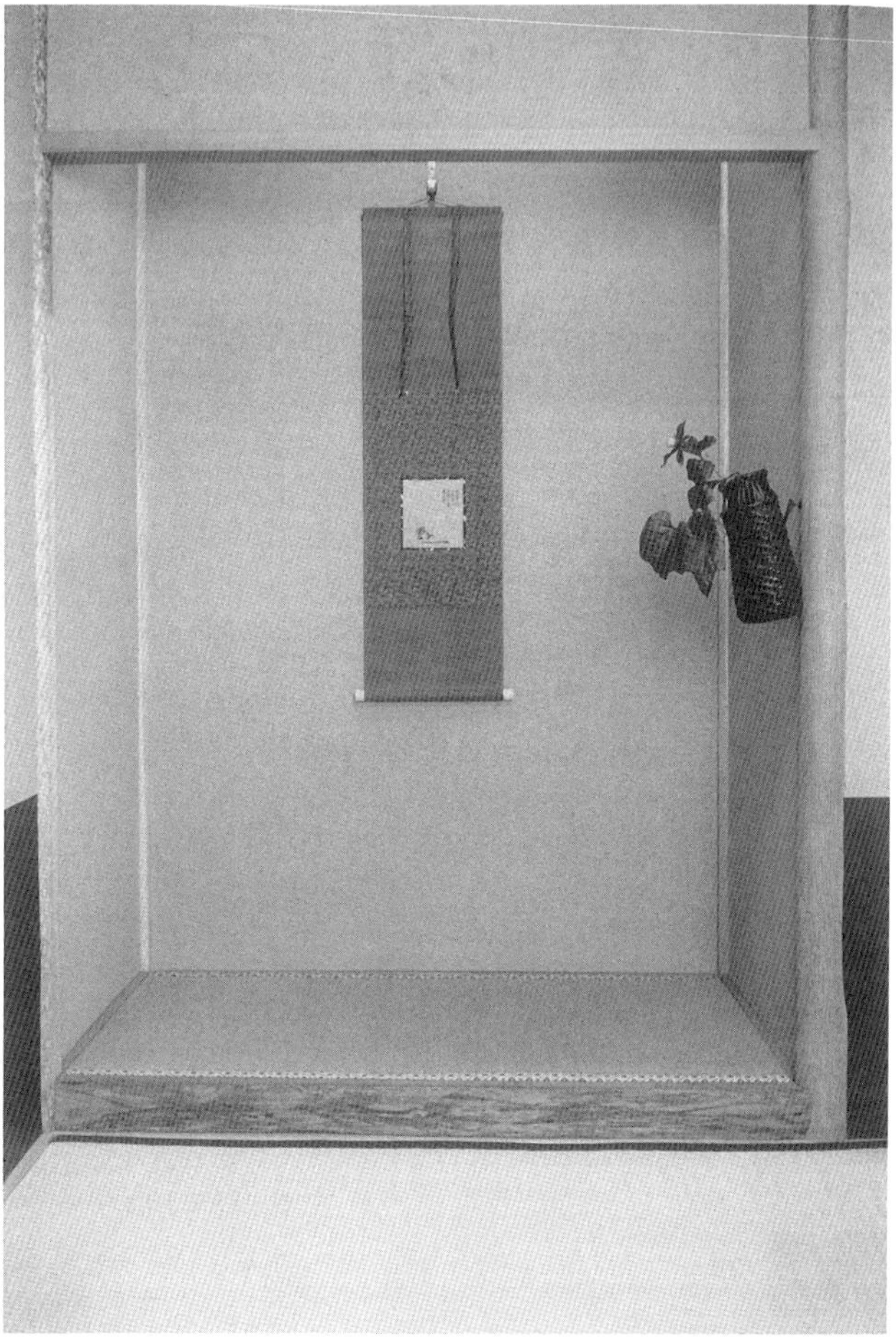

同日、茶室「静光庵」では大森珠峯氏が席持ち

12日は「和敬庵」で赤坂水戸幸が席持ち

同日、茶室「寂光庵」では黒田陶々庵が席持ち

茶会あとの、(左から) 小森松菴・細野燕台・藤澤・黒田陶々庵・伊藤の各氏

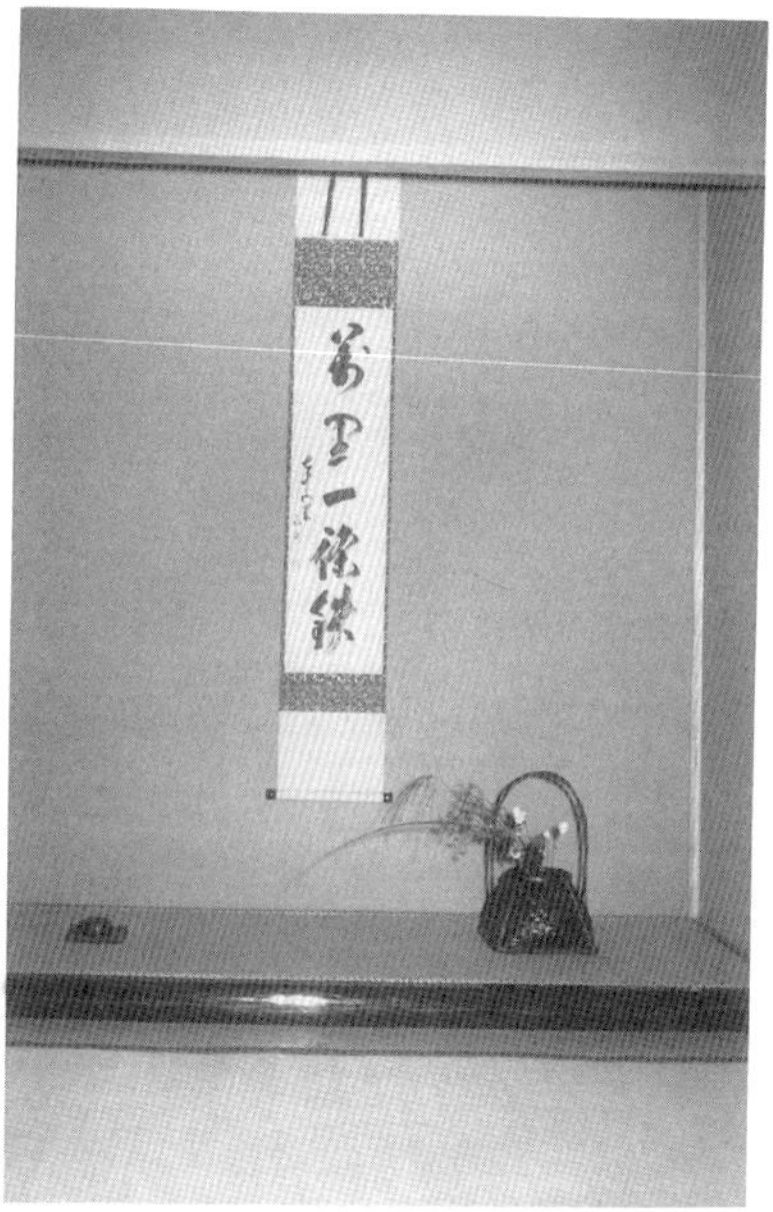

15 日は「和敬庵」にてゆきま誌が席を持った

ゆきま誌の席に入る、（左から）堀口捨己・小森松菴・池田瓢阿・宮崎夫人・吉水夫人・亀井夫人の各氏

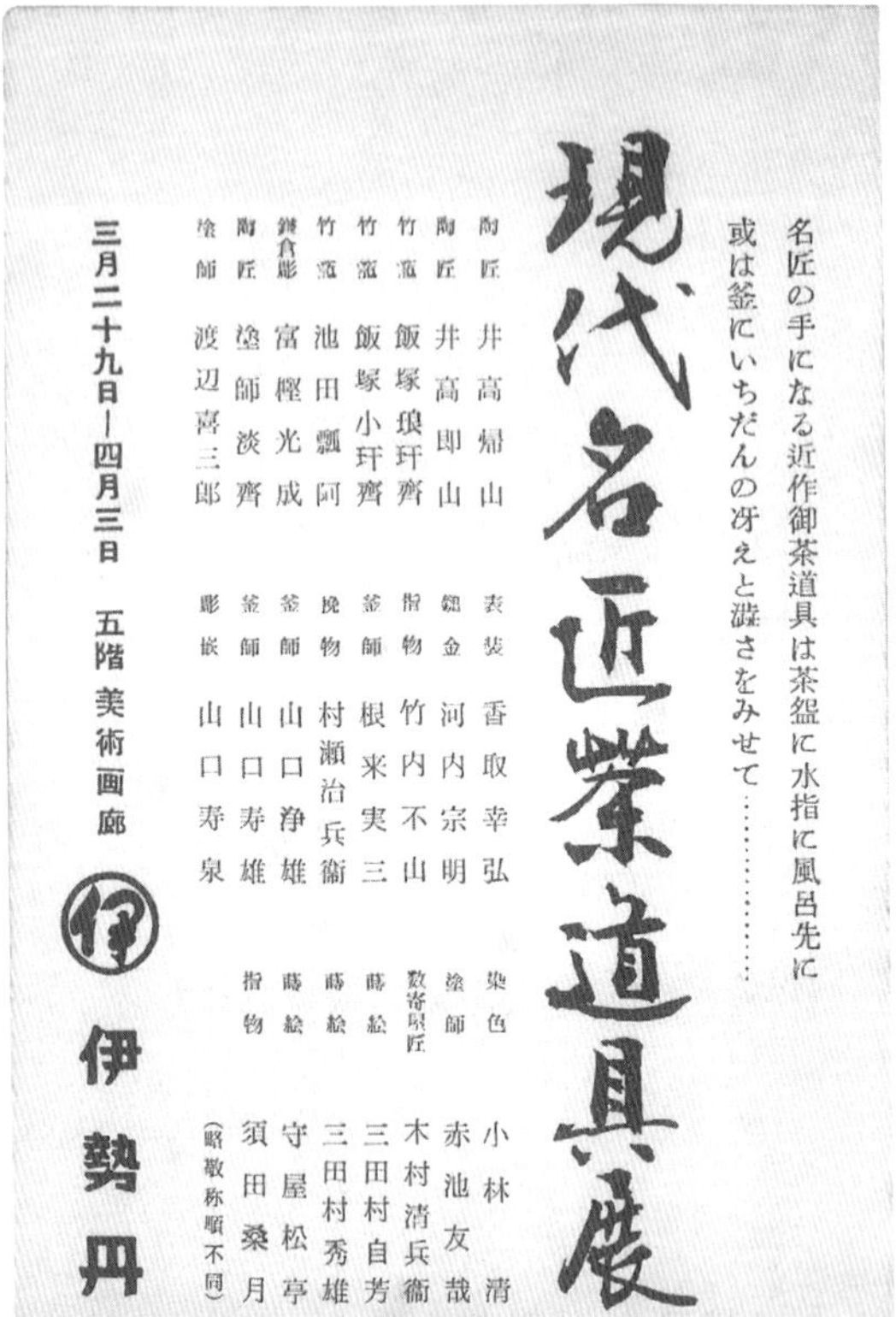

新宿の伊勢丹で開催された
第１回「現代名匠茶道具展」の案内ハガキ

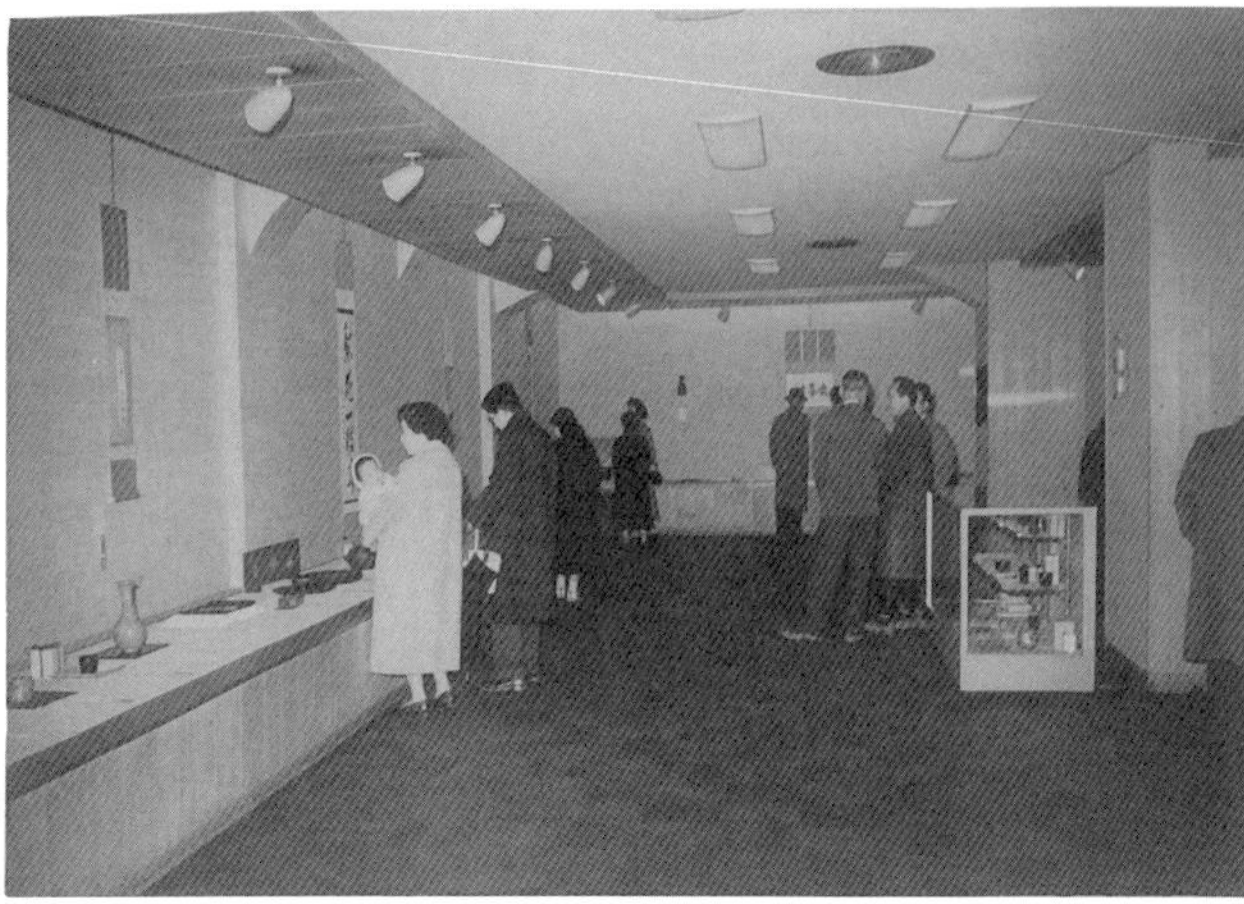

同会場風景

控え室での作家たち

パンパシフィック婦人会議の日本文化レセプションにおいて
瓢阿籠が展示された

同会場の瓢阿氏

日本橋の三越において開催された「茶道竹藝展」会場風景

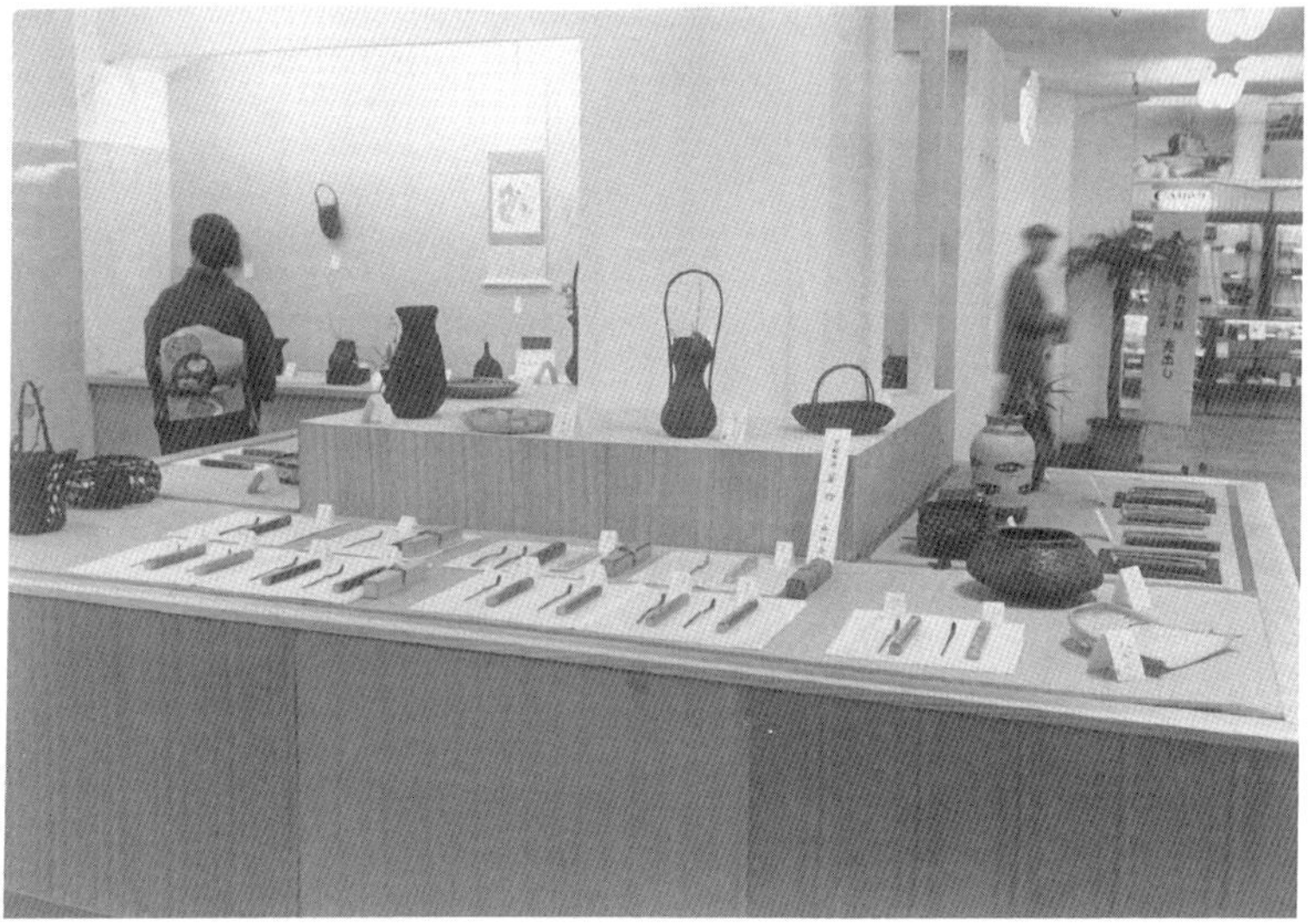

同展で展示された小森松菴氏の茶杓

展覧会に来場した、荒川豊蔵氏（右から二人目）

展覧会に来場した、三輪休雪氏（左）

大野伴睦邸の初釜。（左から）斎藤弘山・久志卓眞・同夫人・池田瓢阿の各氏

昭和32年（1957）に大野伴睦氏が自由民主党の副総裁に就任されたのを祝して椿山荘で催されたパーティー

水戸幸の別邸で行われた籠の会

備前の陶芸家・金重素山氏の工房にて作陶

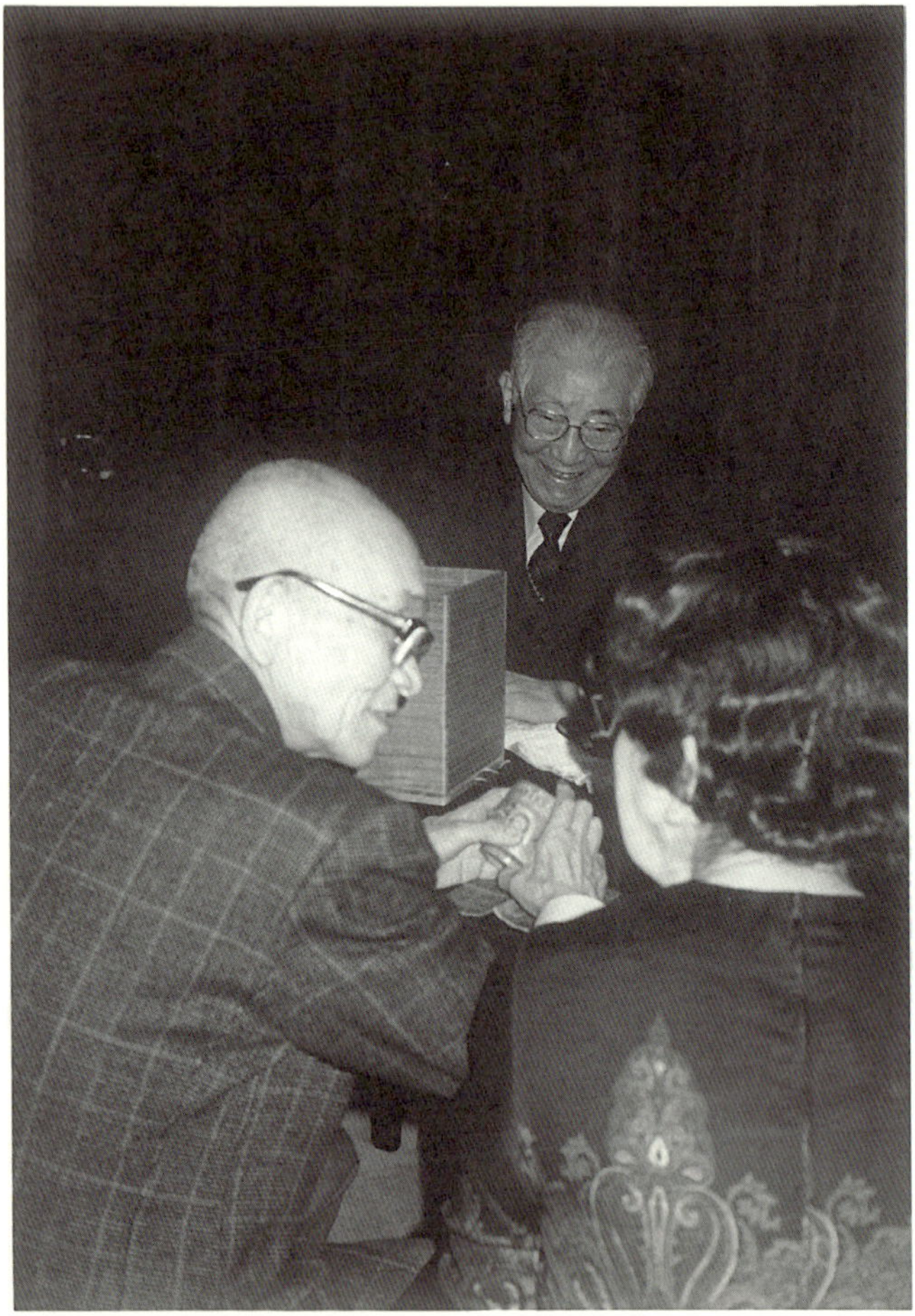

北村美術館の応接室にて北村謹次郎氏とたのしく談笑

瓢阿作「乾山画　六ッ目手付籠花入写」

瓢阿作「遠州所持 唐物輪違籠花入写」

瓢阿作「織部所持 唐物手付籠花入写」

瓢阿作「織部香合」

同「織部茶碗」

瓢阿作「伊賀花入」

近衛予楽院所持「唐物霊昭女籠花入」にアザミ五輪を入れて。掛物は予楽院筆の詩懐紙

初代・池田瓢阿

登場人物の略歴

【あ行】

赤地友哉（あかじ・ゆうさい）
明治三十九年〜昭和五十九年（一九〇六〜八四）。漆芸家。石川県金沢生まれ。檜物師・赤地多三郎の三男。本名・外次。新保幸次郎に漆工を、二代・渡辺喜三郎に髹漆（きゅうしつ）を学ぶ。昭和四十九年（一九七四）に髹漆で重要無形文化財保持者（人間国宝）に認定された。

赤星弥次（あかほし・やじ）
生没年不詳。赤星弥之助の長男・鉄馬（一八八三〜一九五一）の次男。エンゼルカントリークラブ、上総富士カントリークラブ、二丈カントリークラブ、福岡フェザントカントリークラブなどのゴルフコース設計を手掛けた。

赤星弥之助（あかほし・やのすけ）
安政二年〜明治三十七年（一八五五〜一九〇四）。実業家。鹿児島生まれ。薩摩藩士で儒学者・磯長孫四郎の五男。赤星家の養子となり、日清戦争に際して大砲鋳造などで巨富を積み、明治二十年代より茶道具の購入につとめた。茶の湯は裏千家十三代・圓能斎に学び、東京・麻布鳥居坂にあった井上馨（世外／一八三五〜一九一五）の邸宅を買収して山雲床の席を写し、たびたび茶事を催した。

荒川豊蔵（あらかわ・とよぞう）
明治二十七年〜昭和六十年（一八九四〜一九八五）。陶芸家。岐阜県多治見生まれ。京都の宮永東山に作陶を学ぶ。美濃山中の久利大萱に古窯跡を発見、その地に築窯し、志野・瀬戸黒の研究に専念。昭和三十年（一九五五）に志野で重要無形文化財保持者（人間国宝）に認定された。同四十六年（一九七一）、文化勲章受章。

有島生馬（ありしま・いくま）
明治十五年〜昭和四十九年（一八八二〜一九七四）。日本画家。神奈川県横浜生まれ。大蔵省関税局長兼横浜税関長をしていた有島武とその妻・幸の次男で、有島武郎の弟、里見弴の兄。号は雨東生・十月亭。妻の信子は原田熊雄の妹でドイツとのクォーター。

飯田勝郎（いいだ・かつろう）
明治三十九年〜昭和四十七年（一九〇六〜七二）。東京

の美術商「飯田好日堂」初代。七歳の時に親戚筋にあたる近善の竹内廣太郎に連れられ名古屋より上京し、同店につとめる。昭和十六年（一九四一）に独立し「飯田好日堂」を開業。同二十三年（一九四八）に宝町（現・京橋）に移転、永坂三井家・室町三井家・梅澤記念館などに出入りした。東京美術倶楽部監査役をつとめた。

飯田十基（いいだ・じゅっき）
明治二十三年〜昭和五十二年（一八九〇〜一九七七）。造園家、作庭家。千葉県成田市生まれ。本名・寅三郎。旧制中学校二年の時に中退し、東京・下谷の松本幾太郎の下で七年間修行。その後、雑司が谷の岩本勝五郎に五年間、さらに日本橋の鈴木次郎吉に五年間学んで独立。大正七年（一九一八）に事務所を開設。昭和初期に出現した「雑木の庭」の創始者。

生田孝憲（いくた・こうけん）
大正十一年〜平成?年（一九二二〜?）。大僧正。比叡山延暦寺の居士林所長などを歴任。晩年、京都山科の毘沙門堂の執事長をつとめ、その復興に尽力する。最晩年は滋賀県坂本の生源寺の輪番をつとめた。

池田瓢阿（いけだ・ひょうあ）
明治十四年〜昭和八年（一八八一〜一九三三）。籠師。初代・瓢阿。和歌山県田辺町生まれ。本名・善太郎。父の事業拡大のため大阪に移住。長じて旧制中学校の漢文教師となるも、証券会社に転職。独立後は新聞社を設立。大正末期頃、東京・赤坂氷川町に転居し、投資顧問となるが、趣味の籠づくりが高じて、竹芸の道に生きることを決意。東京の美術商「赤坂水戸幸」の初代・吉田五郎三郎の仲介により、益田鈍翁に認められ、昭和三年（一九二八）頃に、鈍翁所持の「唐物瓢箪籠花入（瓢籠）」を写したことから、鈍翁より「瓢阿」の号を賜わり、品川にあった邸内に一軒を与えられた。

伊坂確男（いさか・かくお）
生没年不詳。日本橋三越本店の美術部主任をつとめた。

石野力蔵（いしの・りきぞう）
明治十一年〜?（一八七八〜?）。江戸時代から続く、東京の美術商「山澄商店」四代目。静斎・力太郎と称した。

伊丹信太郎（いたみ・しんたろう）
?〜昭和三十七年（一九六二）。東京・松屋銀座の裏通りにあった骨董商「大和屋」の二代目。揚山と号す。三井物産を退職後、家業を継ぐ。初代・元七（生没年不詳）は「大元」と称し、伊丹善蔵の「大善」の分家。

伊丹善蔵（いたみ・ぜんぞう）
生没年不詳。江戸時代に開業した東京の古美術商「大善」の主人。代々善蔵を名乗る。関東大震災（大正十二年／一九二三）の後、六代目善蔵の時に廃業。

伊東祐淳（いとう・すけあつ）
明治四十年～平成二年（一九〇七～九〇）。昭和期の政治家、華族。貴族院子爵議員。東京生まれ。子爵・伊東祐弘の長男。昭和七年（一九三二）、父の死去に伴い、子爵を襲爵。武者小路千家の茶を学び、日本陶磁協会理事をつとめた。

井上和子（いのうえ・かずこ）
昭和二年～平成二十六年（一九二七～二〇一四）。木戸幸一・鶴子の三女。井上準之助の息・井上五郎の妻。平成二年～同十六年（一九九〇～二〇〇四）まで宮内庁侍従職・女官長をつとめる。

伊端喜代志（いばた・きよし）
生没年不詳。福井県生まれ。水戸幸商会の吉田吉之助時代に番頭をつとめる。独立後、銀座に「伊端商店」を開業。東京国立博物館に千利休筆の書状を寄贈している。

今村武志（いまむら・たけし）
明治十三年～昭和三十五年（一八八〇～一九六〇）。官僚、政治家。東京帝国大学を卒業後、朝鮮総督府に入り要職を歴任。樺太庁長官は昭和七年～同十三年（一九三二～一九三八）までつとめた。その後、仙台市長をつとめる。

梅澤（うめざわ）→**梅澤安蔵**（うめざわ・やすぞう）

梅澤信二（うめざわ・しんじ）
昭和十一年～平成九年（一九三六～九七）。実業家。梅澤彦太郎の次男。日本大学医学部卒。日本医事新報社社長のほか、梅澤記念館館長、日本陶磁協会・大師会・光悦会の理事などを歴任。是信庵と号す。

梅澤安蔵（うめざわ・やすぞう）
安政元年～昭和八年（一八五四～一九三三）。美術商。埼玉県加須生まれ。屋号は「鈴木屋」といい、「鈴安」とも呼ばれた。鶴叟・渋柿庵と号す。山澄力蔵とともに同業仲間として活躍し、東京・千駄ヶ谷に益田鈍翁命銘の茶室「渋柿庵」を営んで茶を楽しんだ。

梅原龍三郎（うめはら・りゅうざぶろう）
明治二十一年～昭和六十一年（一八八八～一九八六）。

洋画家。京都生まれ。大正三年（一九一四）までは良三郎を名乗った。

永樂（えいらく）→**永樂善五郎**（えいらく・ぜんごろう）

永樂善五郎（えいらく・ぜんごろう）

明治十三年〜昭和七年（一八八〇〜一九三二）。陶芸家。千家十職の一人。十五代・正全。十四代・得全の甥。本名・山本治三郎。十八歳で永樂家に入り、得全より陶技を学び、得全亡きあとは妙全とともに家職をつとめた。妙全が亡くなった昭和二年に十五代を襲名するが、わずか五年後に亡くなった。その質は温厚で、自ら「隠全」と称したと伝える。

榎本重雄（えのもと・しげお）

生没年不詳。三井系企業に勤務。陶磁愛好家。日本陶磁協会会員で、執筆者でもある。

江原通子（えはら・みちこ）

大正九年〜？（一九二〇〜？）。東京生まれ。東洋大学卒。夫が戦死したあと、文藝春秋につとめる。就業中も着物で過ごす。大日本茶道学会教授。茶名・樵右。

仰木敬一郎（おおぎ・けいいちろう）

文久三年〜昭和十六年（一八六三〜一九四一）。数寄屋建築家、数寄者。福岡県遠賀郡（現・中間市）生まれ。魯堂と号す。上京して東京・八重洲に居を構え、仰木建築事務所を開設、益田鈍翁・團琢磨・高橋箒庵らと親交した。古美術の収集でも知られた。現在も護国寺に残る茶室群のほとんどは魯堂の手による。

仰木政斎（おおぎ・せいさい）

明治十二年〜昭和三十四年（一八七九〜一九五九）。木工芸家。福岡県遠賀郡（現・中間市）生まれ。仰木魯堂の弟（四男）。本名・政吉。木工と漆工に長じ、のちには帝室技芸員、帝展無鑑査となった。茶の湯にも通じ、棚物細工なども手がけた。『雲中庵茶会記』を残す。

大河内風船子（おおこうち・ふうせんし）

明治三十五年〜平成二年（一九〇二〜九〇）。本名・大河内信威（のぶたけ）。美術史家、評論家、実業家。日本陶磁協会第五代理事長をつとめた。陶芸や茶道史に関する執筆は、本名のほか、磯野風船子・大河内風船子の名を使っている。

大野鈍阿（おおのどんな）

明治十八年〜昭和二十六年（一八八五〜一九五一）。陶芸家。岐阜県土岐生まれ。名は準一。益田鈍翁の知遇を得て、鈍翁の品川碧雲台に御殿山窯を開いて茶器を焼いた。鈍翁の縁をもって多くの知名数寄者と交わり、後年、鈍翁命名の茶室「鈍庵」を構えた。

大曲駒村（おおまがり・くそん）
明治十五年～昭和十八年（一八八二～一九四三）。美術評論家、川柳研究家。福島県生まれ。本名・省三。十八歳の冬に俳句を始める。

岡田茂吉（おかだ・もきち）
明治十五年～昭和三十年（一八八二～一九五五）。宗教家、世界救世教教祖。東京生まれ。明治三十年代に小間物商として身をおこし、金融業・証券業を営んだ。昭和三年（一九二八）に大本教の布教師となったが、その後離れて大日本観音会を開教、終戦後に日本観音教団として再興（現・世界救世教）。戦前から古美術品を収集し、それらは現在、箱根美術館とMOA美術館に収蔵されている。

岡部長景（おかべ・ながかげ）
明治十七年～昭和四十五年（一八八四～一九七〇）。外交官・政治家。子爵。東京生まれ。東京帝国大学を卒業後、外務省に入省。宮内省に転じる。昭和十八年（一九四三）、東條英機内閣で文部大臣をつとめた。実弟に村山長挙がいる。

小川宗圭（おがわ・そうけい）
明治四十二年～昭和五十五年（一九〇九～八〇）。鎌倉在住の江戸千家岐部派の茶人。

小田栄作（おだ・えいさく）
明治二十二年～昭和五十五年（一八八九～一九八〇）。大阪の美術商。岐阜県大垣生まれ。十六歳で大阪・春海商店に入店、圭三・雨蛙と称す。のちに春海商店を主宰し、茶道美術界の重鎮として活躍。光悦会の復興などにも尽くす一方、茶入・茶碗などの研究でも知られ、『名物茶碗ものがたり』などの著書がある。

尾上菊五郎（おのえ・きくごろう）
明治十八年～昭和二十四年（一八八五～一九四九）。歌舞伎役者。東京生まれ。五代目・尾上菊五郎の長男。本名・寺島幸三。明治三十六年（一九〇三）、六代目・尾上菊五郎を襲名。

小野賢一郎（おの・けんいちろう）
明治二十一年～昭和十八年（一八八八～一九四三）。評論家。福岡県生まれ。新聞記者となり、のち東京日々新聞社社会部長・日本放送協会文芸部長などを歴任。その間、昭和五年（一九三〇）、雑誌『茶わん』を発刊主宰、また同九年には加藤唐九郎に協力して『陶器大辞典』（六巻）を刊行、陶芸趣味を普及させた。俳句に長じた。

【か行】

数江教一（かずえ・きょういち）
大正二年～平成十五年（一九一三～二〇〇三）。思想史学者。茶道史家。長野県生まれ。号は瓢鮎子（ひょうねんし）。東京大学文学部卒業。同大学院で和辻哲郎の指導のもと日本倫理思想史を研究、中央大学教授のほか、京都大学・東京都立大学でも教鞭をとった。主著に『日本の末法思想』がある。つとに茶の湯に関心して表千家十三代・即中斎と親交、その編になる『元伯宗旦文書』などの編集・出版を後援、自身にも『わび』『茶事』などの著書がある。

数原俊治（かずはら・しゅんじ）
生没年不詳。日本橋三越本店の美術貴金属部部長をつとめた。

加藤唐九郎（かとう・とうくろう）
明治三十一年～昭和六十年（一八九八～一九八五）。陶芸家。愛知県瀬戸生まれ。早くから瀬戸近辺の古窯を発掘し、古代の作陶法を研究、織部・志野・黄瀬戸などのすぐれた作品を製した。『原色陶器大辞典』『陶器全集』などの著作がある。

加藤富美子（かとう・ふみこ）
生没年不詳。宮内省大膳頭・上野季三郎の三女。第二十四代内閣総理大臣・加藤高明の息、厚太郎（一八九五～一九五九）の妻。

嘉納治兵衛（かのう・じへえ）
文久二年～昭和二十六年（一八六二～一九五一）。実業家。銘酒白鶴醸造元。奈良の中村堯園の三男。嘉納家の養嗣子となり治兵衛を称し、鶴堂・鶴翁と号した。茶の湯は石州流本庄宗泉に学び、浪花風流十八会の一員となった。名器の収集につとめ、中国銅器・銀器・陶器を主とする白鶴美術館を創設。自邸に月兎席・酔醒窠などの茶席を構えた。

亀井斐子（かめい・あやこ）
明治四十四年～昭和六十年（一九一一～八五）。亀井勝一郎の妻。著書に『回想のひと亀井勝一郎』がある。

亀井勝一郎（かめい・かついちろう）
明治四十年～昭和四十一年（一九〇七～六六）。文芸評論家、日本藝術院会員。北海道生まれ。

亀井夫人（かめいふじん）→**亀井斐子**（かめい・あやこ）

樺太庁長官（からふとちょうかん）→**今村武志**（いまむら・たけし）

川合玉堂（かわいぎょくどう）
明治六年～昭和三十二年（一八七三～一九五七）。日本画家。愛知県生まれ。本名・芳三郎。当初「玉舟」の画号を用いたが、間もなく「玉堂」に改め、晩年は「偶庵」を別号とした。

川喜田半泥子（かわきた・はんでいし）
明治十一年～昭和三十八年（一八七八～一九六三）。実業家。三重県津の素封家・川喜田家十六代。本名・久太夫。多方面の実業に活躍。書画・俳句を好み、茶の湯を久田家十一代宗也に学んだ。また早くから陶器に傾倒し、千歳山の自邸に窯を築き茶陶の製作にあたり、のち窯を同地の広永に移して弟子を養成した。その作風は本阿弥光悦・尾形乾山を慕い、逸格自由なものがある。

川部（かわべ）→**川部利吉**（かわべ・りきち）

川部利吉（かわべ・りきち）
安政二年～昭和二十三年（一八五五～一九四八）。東京の美術商「川部商会」主人。根津青山に出入りした。東京美術倶楽部の二代目社長。婿養子の太郎（一八九〇～一九三七）が跡を継ぎ、東京美術倶楽部の監査役をつとめた。

汾陽正子（かわみなみ・まさこ）
明治二十六年～昭和五十二年（一八九三～一九七七）。表千家十二代・惺斎の次女。大正十四年（一九二五）、銀行家・汾陽正熊と結婚。

河村熹太郎（かわむら・きたろう）
明治三十二年～昭和四十一年（一八九九～一九六六）。日展系の陶芸家。京都生まれ。大正末期から昭和初期にかけて、保守的な京都陶芸界の改新につとめ、昭和十年（一九三五）には生産的工芸に新境地を開拓する目的で結成された「実在工芸美術会」に参加。戦後は愛知県猿投山に開窯、さらに鎌倉に新窯を開いて製陶した。

喜三郎（きさぶろう）→**渡辺喜三郎**（わたなべ・きさぶろう）

北大路魯山人（きたおおじ・ろさんじん）
明治十六年～昭和三十四年（一八八三～一九五九）。陶

芸家。京都・上賀茂神社の社家、北大路家に生まれ、養子として諸家を転々、最後の養家の名を冠して福田房次郎と称した。小学生のころから書法に才を出し、上京して岡本可亭の弟子となり、篆刻や扁額の彫成に名を上げ、京都の富商・内貴清兵衛の後援を受けた。大正六年（一九一七）より便利堂の中村竹四郎とともに京橋で古美術店「大雅堂」を経営し、同十年（一九二一）には会員制食堂「美食倶楽部」を発足させた。さらに同十四年（一九二五）に「星岡茶寮」を東京山王日枝神社畔において経営。同茶寮で用いる陶磁器の制作を志し、鎌倉山崎に星岡窯を築き、雅陶を次々と創案し、陶芸家としても大をなした。その作陶は多くの古典を究めて新奇を盛り、雄渾な趣に富んだ、しかも用に徹したものと評される。

北村謹次郎（きたむら・きんじろう）

明治三十七年〜平成三年（一九〇四〜九一）。実業家、数寄者。奈良県生まれ。吉野で代々山林業を営む旧家・北村又左衛門家の次男。京都帝国大学に進む頃から茶の湯の稽古をはじめ、のちに裏千家に親しんで今日庵老分となった。つとに茶道具の収集につとめ、収集品は北村美術館に収蔵される。隣接の「四君子苑」と呼ばれる北村旧邸は、東山の緑を借景にした昭和期の数寄屋建築。

北村寛子（きたむら・ひろこ）

明治三十八年〜平成十三年（一九〇五〜二〇〇一）。北村謹次郎の妻。旧姓・木下。従兄妹同士で、謹次郎が京都帝国大学在学中の昭和三年（一九二八）に結婚。以後、おしどり夫婦として名高い。

北村夫人（きたむらふじん）→**北村寛子**（きたむら・ひろこ）

木戸幸一（きど・こういち）

明治二十二年〜昭和五十二年（一八八九〜一九七七）。官僚、政治家。侯爵。父の木戸孝正は、明治の元勲である木戸孝允の妹・治子と長州藩士・来原良蔵の長男。内大臣をつとめ、戦前の重要歴史資料である「木戸幸一日記」の著者。

木戸孝允（きど・たかよし）

天保四年〜明治十年（一八三三〜七七）。長州藩士、革命家。元の名は桂小五郎。

木戸鶴子（きど・つるこ）

生没年不詳。陸軍大将・児玉源太郎の四女。木戸幸一の妻。

木下收（きのした・おさむ）
昭和十三年（一九三八）、京都市生まれ。慶應義塾大学経済学部卒。伯父・北村謹次郎の後を受け、北村美術館の館長をつとめ、各地で懸釜・講演も精力的におこない、茶道の普及に力を注いでいる。北村文華財団常任理事、光悦会理事などもつとめる。

木村豊次郎（きむら・とよじろう）
明治四十年～昭和四十九年（一九〇七～一九七四）。享保五年（一七二〇）創業の京都・茶懐石「柿傳」の七代目。表千家十二代・惺斎の指導により本格的に茶懐石を専門にするようになった。

清元寿美太夫（きよもと・すみたゆう）
明治三十四年～昭和四十九年（一九〇一～七四）。清元節太夫。清元寿美太夫初代。東京生まれ。本名・平林甚太郎。五代目・清元延寿太夫に師事。

近善（きんぜん）→**竹内廣太郎**（たけうち・ひろたろう）

草間和楽（くさま・わらく）
延享三年～天保二年（一七五三～一八三一）。大坂の町人学者。京都の枡屋唯右衛門の子として生まれ、十歳頃から両替商・鴻池家に奉公し、安永三年（一七七四）に鴻池家の別家・草間家の女婿となる。文化五年（一八〇八）に独立して今橋で両替屋を営んだ。草間直方を名乗り、和楽は別号。通称・鴻池伊助。

久保田君（くぼた・きみ）
生没年不詳。旧姓・三田。昭和二十一年（一九四六）、俳人・小説家・劇作家の久保田万太郎（一八八九～一九六三）と結婚。

栗山善四郎（くりやま・ぜんしろう）
明治十六年～昭和四十三年（一八八三～一九六八）。料亭「八百善」八代目主人。本名・銑二。明治二十六年（一八九三）、七代目の妻・八重の縁につながる元八丁堀南方廻り同心・高部治武左衛門方から養子として迎えられる。同四十四年（一九一一）、八代目・善四郎を襲名。茶の湯は不白流石塚派の石塚宗通（一八二五～一九〇八）に師事し、古筆の鑑定や茶室の設計にも携わった。

黒田和哉（くろだ・かずや）
昭和六年（一九三一）生まれ。東京の美術商「黒田陶苑」二代目。陶々菴・黒田領治の長男として東京都中央区に生まれる。昭和二十八年（一九五三）、慶應義塾大学法学部卒業後、黒田陶苑に入社。先代の逝去に伴い、号・陶々菴を継承し、黒田陶苑代表取締役に就任。北大路魯山人作品鑑定人。古陶磁研究家。日本陶磁協会理事。

黒田陶々庵（くろだ・とうとうあん）
明治三十八年～昭和六十二年（一九〇五～八七）。東京の美術商「黒田陶苑」初代。茶陶研究家。愛知県生まれ。本名・領治。大正八年（一九一九）、銀座の「川本陶器店」に入り、昭和十年（一九三五）に北大路魯山人の陶磁器作品の専売舗として「黒田風雅陶苑」を創業。経営の傍ら茶陶研究にも力を注いだ。日本陶磁協会常任理事。著書は『昭和陶芸図鑑』『定本北大路魯山人』など多数。

黒田領治（くろだ・りょうじ）→**黒田陶々庵**（くろだ・とうとうあん）

小磯国昭（こいそ・くにあき）
明治十三年～昭和二十五年（一八八〇～一九五〇）。陸軍軍人（階級は陸軍大将）、政治家。栃木県生まれ。山形県中学校、陸軍士官学校、陸軍大学校を卒業。昭和十四年（一九三九）には拓務大臣として初入閣し、朝鮮総督、内閣総理大臣を歴任した。

古賀（こが）→**古賀勝夫**（こが・かつお）

古賀勝夫（こが・かつお）
生没年不詳。大阪の美術商。二代・竹笹堂。茶道研究家・古賀健蔵（一九三一～九九）の父。

古曽志文吉（こそし・ぶんきち）
大正十二年～平成二十三年（一九二三～二〇一一）。京都の美術商「古曽志運正堂」初代。島根県出雲市生まれ。昭和十三年（一九三八）、京都・善田昌運堂に入店。同十七年（一九四二）に徴用され、島津製作所に入社。その後、中国・湖北省、満州・奉天の地に就き、終戦時にソビエトに連行された。同二十二年（一九四七）十月に帰国、翌年一月に善田昌運堂に戻る。同四十二年（一九六七）に退社し、翌年「古曽志運正堂」を開店。

五島慶太（ごとう・けいた）
明治十五年～昭和三十四年（一八八二～一九五九）。実業家。長野県生まれ。東京帝国大学卒業。農商務省・鉄道省の官吏を経て、武蔵電鉄（のち東横電鉄）の常務から社長となり、沿線の開発、百貨店の開設をはかり、のち数社を統合して大東京急行社長に就任。大戦中は内閣顧問、昭和十九年（一九四四）に運輸通信大臣となった。戦後パージを受けたが、東急会長に復帰し「大東急」の大企業体を確立した。早くに古写経の収集につとめて古経楼と号し、漸次、文書・典籍から書画・茶器名物におよんだ。晩年、上目黒に大東急記念文庫をおこし、研究誌『かがみ』や典籍叢書などを刊行。その没後、遺愛品を収めて五島美術館が開設され、大東急記念文庫も移された。

小西康仁（こにし・やすひと）
大正九年～平成二十一年（一九二〇～二〇〇九）。東京の美術商「大閑堂」の二代目。昭和二年（一九二七）、初代・忠次郎が開業した「大閑堂」に入店。同十八年（一九四三）に召集され、三年にわたり中国を転戦。終戦後、奈良で商売を行っていたが、同二十二年（一九四七）に東京に転入し、白金の自宅にて営業。武者小路実篤や川端康成、安田靫彦、谷川徹三などと親交した。同四十七年（一九七二）、南麻布に店舗を開業。

近衛秀麿（このえ・ひでまろ）
明治三十一年～昭和四十八年（一八九八～一九七三）。指揮者・作曲家。子爵。正三位勲三等。貴族院議員。後陽成天皇の男系十二世子孫。公爵・近衛篤麿の次男として東京に生まれる。異母兄に近衛文麿（政治家・内閣総理大臣）、実弟に近衛直麿（雅楽研究者）、水谷川忠麿（春日大社宮司）がいる。

近衛文麿（このえ・ふみまろ）
明治二十四年～昭和二十年（一八九一～一九四五）。政治家。近衛篤麿の長男。東京生まれ。昭和十二年～十六年（一九三七～四一）までの間、三次にわたって内閣を組織した。戦後は憲法改正案の起草にもあたったが、戦犯に指名され、自ら命を絶った。早くから弟の忠麿（水谷川紫山）とともに茶の湯に親しみ、自作の茶杓などが多く残されている。また、長年近衛家に伝えられた古文書・古典籍などを保存管理するため、京都の宇多野に「陽明文庫」を設立した。

小堀宗慶（こぼり・そうけい）
大正十二年～平成二十三年（一九二三～二〇一一）。遠州茶道宗家十二世。十一世・小堀宗明の長男。名は正明。喜逢・興雲・成趣庵・紅心とも号す。東京美術学校（現・東京藝術大学）在学中、学徒出陣にて満州に従軍。終戦後シベリアで四年間の抑留生活を送る。昭和二十四年（一九四九）に復員、翌年に遠州公嫡子大膳宗慶公の号を襲名。同三十七年（一九六二）に十二世を継承。

小堀宗明（こぼり・そうめい）
明治二十一年〜昭和三十七年（一八八八〜一九六二）。遠州茶道宗家十一世。十世・小堀宗有の長男。名は正徳。其心庵・一貫子・徳翁とも号す。東京美術学校（現・東京藝術大学）で彫刻・塑像を習得。明治四十二年（一九〇九）に家督を継ぐ。益田鈍翁をはじめ多くの茶人たちと交流、泰和会を組織し、斯界の発展に寄与した。

小森彰子（こもり・あきこ）
昭和九年〜平成二十九年（一九三四〜二〇一七）。小森松菴の次女。茶名・宗彬。

小森松菴（こもり・しょうあん）
明治三十四年〜平成元年（一九〇一〜八九）。数寄者。東京生まれ。本名・新一。父・雄介は政友会に属した政治家、母・照子は赤星家の人で、松菴は弥之助の孫にあたる。戦時中は南満州鉄道の東亜経済調査局に在籍。幼少より、赤星家の蔵品に触れて茶の湯にも親しみ、戦後は風流生活に入った。懐石・作庭から、作陶・茶杓削りまで広範な才をみせ、昭和二十九年（一九五四）を皮切りにしてたびたび茶杓・作陶展を開いた。

小山冨士夫（こやま・ふじお）
明治三十三年〜昭和五十年（一九〇〇〜七五）。陶磁研究家、陶芸家。岡山県生まれ。東京商科大学（現・一橋大学）予科中退後、陶芸を志して瀬戸や京都で修業した。昭和五年（一九三〇）に東洋陶磁研究所に入り、古陶磁研究と古窯址調査を行った。戦後は東京国立博物館・文化財保護委員会につとめ、文化財の調査・指定などに従事した。晩年は鎌倉の自宅や岐阜県土岐市に窯を築き、再び作陶を行った。代表的著作に『東洋古陶磁』全六巻がある。

近藤金吾（こんどう・きんご）
大正十年〜平成十二年（一九二一〜二〇〇〇）。京都の美術商「古美術 近藤」の初代。三重県桑名郡（現・桑名市）生まれ。尋常小学校を卒業後、大阪の美術商「岡田集雅堂商店」に入店。昭和十九年（一九四四）に召集され、北部朝鮮の大同江へ。終戦後独立し、昭和二十二年（一九四七）、祇園の地に創業。

近藤外巻（こんどう・とまき）
明治十六年〜昭和四十三年（一八八三〜一九六八）医師。東京生まれ。平心庵と号した。九州の五島病院院長、東京の済生会病院外科部長ののち、小田原市に近藤医院を開いた。益田鈍翁の知遇を得て、その主治医となり、茶の湯の交わりをもった。晩年は松永耳庵らとも交流した。

近藤道生（こんどう・みちたか）
大正九年～平成二十二年（一九二〇～二〇一〇）。海軍軍人・大蔵官僚、後に博報堂代表取締役。趣味、特技は茶の湯、読書、ゴルフ。号・平心庵宗道。神奈川県小田原市出身。著書に『平心庵日記　失われた日本人の心と矜恃』『茶の湯がたり、人がたり』などがある。

【さ行】

齋藤利助（さいとう・りすけ）
明治二十二年～昭和四十七年（一八八九～一九七二）。東京の美術商。神奈川県鎌倉市生まれ。明治三十四年（一九〇一）、親戚筋の伊藤平蔵（一八七一～一九四六）が営む平山堂美術店に入る。昭和元年（一九二六）に同店の二代目となる。また、東京美術倶楽部の社長を二十年の長きにわたってつとめた。寿福庵と号す。持ち回りで茶事を楽しむ「北倉会」の世話人のほか、同二十一年（一九四六）には大寄せ茶会「好日会」を発足し、邸内の茶室のほか、鎌倉在住の茶人の茶席を借りて催した。

佐伯祐三（さえき・ゆうぞう）
明治三十一年～昭和三年（一八九八～一九二八）。洋画家。大阪生まれ。東京・川端画学校および東京美術学校（現・東京藝術大学）で藤島武二に師事。画家としての短い活動期間（六年）の大部分をパリのモンパルナスなどで過ごし、フランスで客死した。

笹川臨風（ささがわ・りんぷう）
明治三年～昭和二十四年（一八七〇～一九四九）。歴史家、評論家、俳人。文学博士。東京生まれ。本名・種郎（たねお）。帝国大学国史科卒。旧制宇都宮中学校（現・栃木県立宇都宮高等学校）校長、明治大学、東洋大学の教授をつとめるとともに、歴史書、美術批評、小説など幅広い著述活動を行った。

佐藤栄作（さとう・えいさく）
明治三十四年～昭和五十年（一九〇一～七五）、政治家。内閣総理大臣として昭和三十九年（一九六四）から七年八ヶ月にわたる長期政権を担った。同四十九年（一九七四）にノーベル平和賞を受賞。早くから裏千家の茶の湯に親しんで宗栄と号し、妻の寛子とともに十四代・無限斎（淡々斎）、十五代・鵬雲斎と交わった。

澤村ふく（さわむら・ふく）
明治二十一年〜昭和六十年（一八八八〜一九八五）。箱根温泉旅館「福住樓」二代目女将。明治四十四年（一九一一）に澤村正吉に嫁ぐ。

澤村夫妻（さわむらふさい）→**澤村正吉**（さわむら・まさきち）・**澤村ふく**（さわむら・ふく）

澤村正吉（さわむら・まさきち）
明治十四年〜昭和二十九年（一八八一〜一九五四）。箱根温泉旅館「福住樓」二代目主人。初代女将・長谷川まつの長男。

塩原千代（しおばら・ちよ）
生没年不詳。奥田象三の長女。東洋英和女学校卒。同校の同窓会会長をつとめる。塩原又策の妻。六男六女をもうける。

塩原又策（しおばら・またさく）
明治十年〜昭和三十年（一八七七〜一九五五）。実業家。三共株式会社（現・第一三共株式会社）創業者。長野県生まれ。明治三十五年（一九〇二）に三共合資会社を設立し、第一次大戦時にはサリチル酸の量産化に成功し、製薬工業の基礎を築いた。禾日庵と号す。小堀遠州の茶室「転合庵」を所有した。

志賀直三（しが・なおぞう）
明治三十二年〜昭和四十三年（一八九九〜一九六八）。建築家。小説家・志賀直哉の異母弟。東京生まれ。幼稚舎から大学予科まで慶應義塾で学ぶ。アメリカ・マサチューセッツ工科大学、イギリス・ケンブリッジ大学に留学。帰国後、文部省社会教育課で教育映画製作の仕事に就く。華道・慈草流家元、茶道・宗偏流では志賀幽荎を名乗る。

式守蝸牛（しきもり・かぎゅう）
明治八年〜昭和二十一四年（一八七五〜一九四六）。東京生まれ。本名・宣利。相撲膏の赤膏薬本舗を営む式守家の七代目。父・不争と大久保北隠に江戸千家の茶を学び、大正期から昭和にかけて「東京茶道会」を運営。また、香道を都築成幸に学んで御家流の家元となる。書画・俳諧・謡曲にも秀でていた。

白崎秀雄（しらさき・ひでお）
大正九年〜平成四年（一九二〇〜九二）。美術評論家、作家。福井生まれ。昭和三十年（一九五五）ころより美術工芸の評論・創作に携わり、伝記小説に新境地を開いたと評される。代表作に『北大路魯山人』がある。また、益田鈍翁・原三溪・松永耳庵を描いた近代数寄者の評伝三部作がある。

関山和夫（せきやま・かずお）

昭和四年～平成二十五年（一九二九～二〇一三）。民俗学者、話芸研究者。愛知県生まれ。大谷大学を卒業後、愛知県の県立高校教諭・東海学園女子短期大学教授を経て、佛教大学教授となる。「話す芸」に多角的に究明し、「話芸」という言葉を創始。落語の公演企画を多数行った。

瀬津巖（せつ・いわお）

昭和十二年～平成十二年（一九三七～二〇〇〇）。東京の美術商「瀬津雅陶堂」二代目（初代・伊之助の次男）。東京都生まれ。慶應義塾大学政治学科卒。昭和四十四年（一九六九）、初代の逝去により社長を継ぐ。

善田喜一郎（ぜんた・きいちろう）

明治二十七年～昭和五十六年（一八九四～一九八一）。京都の美術商「善田昌運堂」初代。石川県生まれ。京都の土橋永昌堂に入って土橋嘉兵衛のもとで修業を重ね、大正七年（一九一八）に独立、善田昌運堂を開店。京都美術倶楽部六代目社長・京都美術商協同組合理事長を歴任し、美術業界に大きく貢献した。

【た行】

高橋是清（たかはし・これきよ）

嘉永七年～昭和十一年（一八五四～一九三六）。仙台藩士、官僚、政治家。子爵。第二十代内閣総理大臣。幼名・和喜次。

高橋箒庵（たかはし・そうあん）

文久元年～昭和十二年（一八六一～一九三七）。茶道美術評論家。名は義雄。水戸に生まれ、慶応義塾に学び、卒業後、時事新報に入社。その後、外遊ののち三井銀行に入行。以降、井上馨・益田孝のもとで三井系の会社につとめ、五十一歳で実業界を退き、茶道三昧の生活に入った。山県有朋に知遇されたのも知られる。三十代から茶の湯に親しみ、大師会・和敬会の会員として活躍。明治末年から政財界の側面史ともいえる『萬象録』と、茶会見聞記の『東都茶会記』『大正茶道記』の執筆を日課とし、一方、『大正名器鑑』の編集を行った。昭和初年にはラジオによる茶道入門の放送や、高谷宗範と茶の湯理念をめぐる論争をした。その思想はリベラルな自由経済論に立脚し、茶道具の売買、価格の高騰を積極的に認め、あくまで美的生活に奉仕する趣味として茶道を位置付け、財閥系の数寄者の理論的指導者であった。初期の著作に『拝金宗』があり、自伝に『箒のあと』、また『近世道具移動史』『茶道読本』など多くの著書がある。

高原杓庵（たかはら・しゃくあん）
明治二十六年〜昭和五十年（一八九三〜一九七五）。茶道研究家、数寄者。大阪生まれ。本名・慶三。慶應義塾大学を卒業後、毎日新聞に入社、主に美術・演劇分野を担当。退社後は白鶴美術館につとめるなどして、茶道研究と執筆に専念し、特に茶杓の研究では草分け的存在となった。著書に『茶杓三百選』『茶杓銘々伝』などがある。

高原富保（たかはら・とみやす）
昭和三年〜平成十五年（一九二八〜二〇〇三）。京都生まれ。京都大学文学部仏文科卒業後、毎日新聞社入社。社会部・外信部勤務、ロンドン、ジュネーブ特派員、『サンデー毎日』編集長、『一億人の昭和史』編集長、出版局長を経て退社。その後、長野県飯田市に高原文庫と茶室「召南亭杓庵」を建て在住。著書に『近世名茶会物語』がある。

竹内廣太郎（たけうち・ひろたろう）
明治五年〜昭和二十七年（一八七二〜一九五二）。東京・日本橋の美術商「近善」の主人。竹有庵と号す。

多田侑史（ただ・ゆうし）
大正四年〜平成二十五年（一九一五〜二〇一三）。茶人、有職故実研究者。兵庫県生まれ。本名・嘉三郎。戦後、私財を投じて武智鉄二らと雑誌『観照』を刊行し、谷崎潤一郎を始め多くの文化人を支援。大阪の繊維問屋「多田利」をたたみ、上京して産経新聞社に入社。のち裏千家十五代・鵬雲斎の執事役をつとめ、関東における裏千家茶道布教に尽力。裏千家東京出張所初代所長。薪能再興の中心人物でもある。

橘宗義（たちばな・そうぎ）
昭和十六年（一九四一）、京都生まれ。花園大学卒。埼玉県の平林寺において掛塔。大徳寺執事、臨済宗大徳寺派庶務部長、宗務支所長を歴任。現在、大徳寺塔頭・徳禅寺住職。

立花大亀（たちばな・だいき）
明治三十二年〜平成十七年（一八九九〜二〇〇五）。臨

済宗の僧。大亀宗雄。堺の人。大徳寺塔頭・徳禅寺住職を経て、大徳寺山内に如意庵を再興し、また奈良県大宇陀に松源院を再建。大徳寺第五百十一世住持。著書に『利休の侘び茶』『禅者のことば』などがある。

谷村良治（たにむら・りょうじ）
大正九年〜平成二十四年（一九二〇〜二〇一二）。石川の美術商「谷庄」四代目。石川県金沢市生まれ。中学校を卒業後、京都の善田昌運堂で五年間修業。退店後、徴集されて中国・牡丹江へ。帰国後は父、三代・庄平のもとで家業を守り立て、昭和二十二年（一九四七）に四代目を継ぐ。同五十一年には、金沢美術倶楽部の第四代社長に就任、その後、金沢美術商協同組合理事長をつとめる。

田山方南（たやま・ほうなん）
明治三十六年〜昭和五十五年（一九〇三〜八〇）。文化財調査官、墨蹟研究家。三重県生まれ。本名・信郎。東京大学国史学科を卒業し、文部省に入省。国宝鑑査官・文化庁調査官として文化財の調査・研究・保存にあたり、墨蹟研究の第一人者となった。退職後は松永記念館館長をつとめ、明治村茶会の創設にも尽くした。著書に『禅林墨蹟』全六巻などがある。

團琢磨（だん・たくま）
安政五年〜昭和七年（一八五八〜一九三二）。実業家。福岡の人。もと神屋氏。団尚静の養子となり、明治五年（一八七二）アメリカ留学後、工部省官吏などを経て、三井鉱山会長・三井合名会社理事長などを歴任。茶の湯は益田鈍翁らと親しみ、光悦会に協力。またフェノロサらとも親交があった。狸山（りざん）と号した。

千代鶴是秀（ちよづる・これひで）
明治七年〜昭和三十二年（一八七四〜一九五七）。道具鍛冶師。米沢藩代々の刀匠・二代目長運斎綱俊の息子。本名・加藤廣。十一歳で鍛冶屋の道に入り、七代・石堂に師事、八代・石堂（叔父）に学ぶ。叔父の亡き後、十九歳で是秀と名乗る。

津田青楓（つだ・せいふう）
明治十三年〜昭和五十三年（一八八〇〜一九七八）。画家、書家、随筆家、歌人。良寛研究家。京都市生まれ。本名・亀治郎。旧姓は西川。華道家・去風流家元の西川一葉の息子。兄は西川一草亭。

土橋嘉兵衛（つちはし・かへえ）
明治元年～昭和二十二年（一八六八～一九四七）。京都の美術商「土橋永昌堂」初代。京都生まれ。無聲庵・玄庵・仲選居・未足軒と号した。二十代から茶道具商を営み、明治二十七年（一八九四）に四条堺町に土橋永昌堂を開いた。大正十一年（一九二二）に光悦会を設立し、その発展に尽くし、自らも光悦寺内に大虚庵を建立。昭和九年（一九三四）には河井寛郎の指導設計のもと玄琢に山荘を造り、庭に玄琢窯を築いた。同十三年（一九三八）に家督を譲り、嘉平治と改めた。

徳力富吉郎（とくりき・とみきちろう）
明治三十五年～平成十二年（一九〇二～二〇〇〇）。版画家。西本願寺絵所十二代。京都生まれ。土田麦僊に日本画を学ぶ一方、創作木版画を手がけ、また陶画・洋画も制作した。茶の湯に親しみ、好みになる茶室「絵屋茶寮」が残る。

戸田鐘之助（とだ・しょうのすけ）
大正十四年～平成二十五年（一九二五～二〇一三）。名古屋の茶道具商「宇治屋」に生まれる。昭和二十三年（一九四八）、大阪の美術商「谷松屋戸田商店」に婿養子に入り、十一代を継いで、戦後の混乱期に店の再興に尽くした。平成七年（一九九五）、会長に退く。露慶と号す。

戸田露吟（とだ・ろぎん）
天保十三年～明治三十八年（一八四二～一九〇五）。大阪の美術商「谷松屋戸田商店」八代目。茶の湯は武者小路千家十一代・一指斎に学び、同家の発展に功があった。平瀬露香、藤田香雪らとの親交が知られ、春海痴漸や山中吉郎兵衛とともに、大阪道具界の三傑と称された。

【な行】

長尾欽弥（ながお・きんや）
明治二十五年～昭和五十五年（一八九二～一九八〇）。実業家。京都生まれ。幼時に横浜の縁家の養子となり、のち薬品や化粧水の販売に携わった。昭和四年（一九二九）、酵母を錠剤にすることに成功し、「若素」と名付けて販売、同六年には「若素」を「わかもと」と改名して飛躍的に売り上げを伸ばして巨富を得た。昭和十年代から松永耳庵・畠山一清・小林逸翁・五島慶太らと親交し、野々村仁清作の色絵藤花文茶壺（国宝・MOA美術館蔵）をはじめ多くの古美術品を収集し、それらをもとに戦後、長尾美術館を設立した。妻・よね（一八八九～一九六七）は、長尾の事業、古美術品収集の協力者であったばかりでなく、北大路魯山人・荒川豊蔵らの後援者としても知られた。

中島洋一（なかじま・よういち）
大正四年～平成十一年（一九一五～九九）。水戸幸商店（現・赤坂水戸幸）から独立後、日本橋に「水戸忠」を開業。昭和五十六年～同六十二年（一九八一～八七）まで、東京美術倶楽部取締役をつとめる。

中村（なかむら）→**中村富次郎**（なかむら・とみじろう）

中村一雄（なかむら・かずお）
大正二年～昭和三十八年（一九一三～六三）。東京の蒔絵師・中村兼一郎（嵩山）の長男。十一歳の時、水戸幸商店（現・赤坂水戸幸）に奉公にあがり、雄造と呼ばれた。同店の四代目となった吉田清の兄。のちに独立し、「尚古堂」を開業。昭和二十四年（一九四九）より没年まで、東京美術倶楽部取締役、東京美術商協同組合理事および専務理事をつとめる。

中村菊雄（なかむら・きくお）
大正？年～昭和六十一年（一九八六）。嵩山の次男。堺庄を継ぐ蒔絵師。

中村静雄（なかむら・しずお）
大正九年～平成六年（一九二〇～九四）。嵩山の三男。古美術商「静運堂」を営む

中村富次郎（なかむら・とみじろう）
明治二十五年～昭和六十一年（一八九二～一九八六）。美術商「好古堂」の三代目。岐阜県生まれ。旧姓・川田。二代・作次郎（一八五八～一九三二）の長女・延代の婿養子。原三溪の美術品管理を行っていた。昭和八年～同十七年（一九三三～四二）、東京美術倶楽部取締役。同二十三年（一九四八）、貞次郎に代を譲り、日本初のグラスロッド釣竿会社、日本フィッシングタックル株式会社を創業。

中村雄造（なかむら・ゆうぞう）→**中村一雄**（なかむら・かずお）

名和嘉市郎（なわ・かいちろう）
明治二十六年～昭和四十四年（一八九三～一九六九）。岐阜県生まれ。昭和五年（一九三〇）より京都にある近衛家の管理などを任され、同十三年（一九三八）には設立された陽明文庫の雇員となり、終生その発展につとめ

るともに、収蔵品の修復にあたる。国宝修理装潢師連盟会員。昭和三十八年（一九六三）に黄綬褒章受章。

西川鯉三郎（にしかわ・こいさぶろう）
明治四十二年〜昭和五十八年（一九〇九〜八三）。日本舞踊家。二代目鯉三郎。西川流二世家元。東京生まれ。本名・近藤茂。旧姓・星合。大正六年（一九一七）、歌舞伎役者の六代・尾上菊五郎に入門、尾上菊丸・尾上志げるを名乗る。舞踊を六代・藤間勘十郎に師事し、藤間勘三郎となる。昭和十五年（一九四〇）、二世西川鯉三郎を襲名。

根津嘉一郎（ねづ・かいちろう）
万延元年〜昭和十五年（一八六〇〜一九四〇）。実業家。山梨県の豪農根津嘉右衛門の次男。青山・無事庵と号した。郷土の県会議員から政界に進出し、代議士当選四回、のち貴族院議員に勅選されたが、財界では東京市街鉄道・房総鉄道をはじめ東武鉄道・南海鉄道・東京地下鉄などの経営にあたり、鉄道王の異名を得た。また私財を投じて武蔵高等学校を創立した。一方明治末年から茶道具の収集をはかり、茶の湯は高橋箒庵の指導を受け、東京青山に広大な庭園を設けて、無事庵・弘仁亭・斑鳩庵・清溪亭・閑事庵の茶室を建てたほか、変千木庵を移築した。これらの茶室を使って催す歳暮釜は、東都数寄者の名物となった。また大師会・光悦会にも参加し、昭和十一年（一九三六）の北野大茶湯に多数の名器を飾った。その収蔵の名品は、図録『青山荘清賞』として出版されている。

野崎幻庵（のざき・げんあん）
安政四年〜昭和十六年（一八五七〜一九四一）。実業家。岡山生まれ、名は広太、汲古庵・自怡荘主人とも号す。慶応義塾に学び、三井物産に入り、のち中外商業新報社長・三越百貨店社長しなる。かたわら茶会記を自ら採録し、これを『茶会漫録』として出版、そのほか『がらくたご』などの随筆もある。晩年は小田原十字町に隠棲した。

乃村龍澄（のむら・りゅうちょう）
明治十六年〜昭和五十二年（一八八三〜一九七七）。京都・大覚寺の第五十三世門跡。大僧正。香川県高松市生まれ。八歳の時に高松・香西寺に入寺。東洋大学卒。大正三年（一九一四）に巡教師となり、以後本山布教師として四十年余り全国を巡る。昭和四十四年（一九六九）に大本山大覚寺門跡に就任し、真言宗大覚寺派管長ならびに華道嵯峨御流総裁となる。

【は行】

萩野庄兵衛（はぎの・しょうべえ）

弘化三年～昭和四年（一八四七～一九二九）。漆工家。堺庄。初代・蒿山。江戸・京橋生まれ。明治初年、起立工商会社に入り、関東大震災直後より、益田鈍翁の品川御殿山の本邸に抱えられた。堺庄には二代・中村清三郎、三代・中村兼一郎がいる。

畠山一清（はたけやま・いっせい）

明治十四年～昭和四十六年（一八八一～一九七一）。実業家、数寄者。即翁と号す。石川県金沢に生まれ、東京帝国大学を卒業後、荏原製作所を創立。その社長・会長をつとめるかたわら、茶の湯・能楽などに傾倒、大師会・光悦会にも重きをなした。昭和三十九年（一九六四）、畠山記念館を設立して、その収蔵になる茶道具をはじめとする日本および東洋古美術品を展観した。

八田富雄（はった・とみお）

生没年不詳。美術商で、指物や陶芸が巧みであった八田富三郎（円斎／一八六二～一九三六）の次男。日本橋高島屋横で美術商「八田商店」を営んでいたが、太平洋戦争で召集され、終戦後の上海で戦病死を遂げた。

服部正次（はっとり・しょうじ）

明治三十三年～昭和四十九年（一九〇〇～七四）。実業家。東京生まれ。服部時計店の創業者・服部金太郎の次男。慶應義塾大学を卒業後、服部時計店に入社し、昭和二十一年（一九四六）に兄・玄三のあとを継いで、服部セイコー三代目社長となる。陶芸・書・絵画を趣味とし、茶の湯は式守蝸牛に学び、大師会会長をつとめるなど、数寄者としても活躍した。山楓と号す。収集した茶道具をはじめとする美術品は、長野県諏訪市のサンリツ服部美術館に収まる。

林新助（はやし・しんすけ）

明治二年～昭和八年（一八六九～一九三三）。明和年間（一七六四～七二）に創業した京都・古門前の古美術商「林新助商店」の四代目。幼名・勝次郎、号・楽庵。明治二十三年（一八九〇）に四代目・新助を襲名し、同四十三年（一九一〇）に新門前通に新店舗を構えた。茶の湯は裏千家に親しんだ。光悦会の世話役をつとめた。

林新兵衛（はやし・しんべえ）
明治三十一年～昭和二十七年（一八九八～一九五二）。京都の道具商「林新兵衛商店」二代目。「分林」と呼ばれる。新焦堂と号す。京都美術倶楽部の第四代社長をつとめる。また、冬木庵宗秀と称し、裏千家・今日庵老分をつとめた。

原三溪（はら・さんけい）
明治元年～昭和十四年（一八六八～一九三九）。実業家。岐阜県稲葉郡の豪農青木久兵衛の長男。本名・富太郎。東京専門学校（現・早稲田大学）卒業後、富豪・原家の婿養子となり、原商店の近代化をはかり、製糸貿易を経営して成功、帝国蚕糸会社社長のほか、幾多の銀行・会社の重役を兼務し、横浜第一の財閥となった。本牧三ノ谷海岸に三溪園を設ける一方、美術品の鑑識・収集につとめ、画家下村観山・菱田春草・小林古径・安田靫彦・前田青邨らの育成をはかった。大正五年（一九一六）に茶室金毛窟を設けてからは益田鈍翁・高橋箒庵らと交友を持ち、同十二年（一九二三）には鈍翁より大師会の会長を引き継いで主催した。

久田宗也（ひさだ・そうや）
大正十四年～平成二十二年（一九二五～二〇一〇）。表千家の茶家・久田家の十二代。京都市生まれ。十一代・無適斎宗也の長男。本名・和彦。尋牛斎（じんぎゅうさい）と号す。京都大学文学部史学科史学科卒。

平瀬露香（ひらせ・ろこう）
天保十年～明治四十一年（一八三九～一九〇八）。数寄者。幼名・羯鼓次郎、名は亀之輔。貞英・春愛などと称し、宗十・同学斎・芳雲軒・一方庵・独楽庵などとも号した。大阪の豪商千草屋六代士陽の子。明治九年、第三十二銀行を創立したほか、大阪貯蓄銀行取締役・日本火災保険会社社長などを歴任、関西財界で活躍、重鎮となった。また大阪博物場長をつとめた。書物に親しみ、和歌・書芸・歌舞音曲に精通し、蝙蝠大尽の異名を得た。二代・木津宗詮に武者小路千家の茶の湯を学んで奥義を極め、松平不昧の独楽庵の扁額を入手、自らの庵号とした。明治三十一年（一八九八）には武者小路千家家元預となっている。また名器の集蔵でも知られた。

広田不孤斎（ひろた・ふこさい）
明治三十年～昭和四十八年（一八九七～一九七三）。美

術商「壺中居」初代。富山県婦負郡八尾町（現・富山市八尾町）生まれ。名・松繁。明治四十二年（一九〇九）、東京へ奉公にあがり、神通薫隆堂や繭山龍泉堂の古美術商でつとめた。大正十三年（一九二四）、西山保（南天子／一九〇一～三三）とともに壺中居を設立。昭和十三年（一九三八）に隠退し、不孤斎を名乗り、同三十年（一九五五）頃から茶の湯に親しむようになる。昭和二十二年（一九四七）に五件、同四十二年（一九六七）に一件、同四十七年（一九七二）に四百九十件の美術品を東京国立博物館に寄贈。

藤島武二（ふじしま・たけじ）
慶応三年～昭和十八年（一八六七～一九四三）。洋画家。薩摩国鹿児島城下の薩摩藩士の家に生まれる。はじめ日本画を学ぶが、二十四歳の時に洋画に転向。明治二十九年（一八九六）、東京美術学校（現・東京藝術大学）の助教授に推されて以後、没するまで同校で指導にあたる。昭和十二年（一九三七）、初の文化勲章受章者の一人。

藤原銀次郎（ふじわら・ぎんじろう）
明治二年～昭和三十五年（一八六九～一九六〇）。実業家。長野県に生まれ、慶應義塾を卒業後、「松江日報」主筆となったが辞して上京。三井銀行・三井物産を経て王子製紙再建の任を果たし、製紙王と称された。一方、商工大臣・内閣顧問を歴任。晩年には私財を投じて藤原工業大学・藤原科学財団を設立した。益田鈍翁のすすめで表千家の茶の湯を学び、多くの道具を収集。暁雲と号す。著書に『私のお茶』『回顧八十年』『宴会常道論』などがある。大師会三代目会長。

分林（ぶんばやし）→**林新兵衛**（はやし・しんべえ）

平山堂（へいざんどう）→**齋藤利助**（さいとう・りすけ）

細川護貞（ほそかわ・もりただ）
明治四十四年～平成十七年（一九一一～二〇〇五）。細川護立の長男。熊本細川家十七代。昭和十五年（一九四〇）、第三次近衛内閣で近衛文麿首相秘書官となり、第二次大戦から終戦まで、政治の中心にあって活躍、終戦工作の一翼も担った。戦後は政界から引退し、東洋繊維社長となったほか、永青文庫理事長・日本いけばな芸術協会会長・日本工芸会会長などを歴任した。著書に『細川幽斎』がある。

細川護立（ほそかわ・もりたつ）
明治十六年～昭和四十五年（一八八三～一九七〇）。美

術史家、古美術収集家。旧熊本藩主細川護久の四男。細川家十六代。若年から古美術に関心が深く、中国の古陶磁・墨蹟・絵画、日本の禅画から近代絵画まで、広範囲に収集。貴族院議員に勅選されたほか、国宝保存会長・文化財保護委員・正倉院評議員などをつとめ、文化財保護に尽くした。護立の収集した近代日本画や中国考古・陶磁器は、東京・音羽の永青文庫が所蔵。京都・岡崎に、小川治兵衛（植治）作庭の別邸「怡園」を営んだ。

細野燕台（ほその・えんだい）

明治五年～昭和三十六年（一八七二～一九六一）。実業家・美術商。石川県金沢生まれ。本名・申三。幼少より漢学に親しみ、陽明学・中国文学に通じた。金沢ではじめてのセメント商をおこし、また美術商も営んで、金沢美術倶楽部の設立に尽くした。その間、伊藤博文・井上馨（世外）らと親交した。北大路魯山人の後援者としても知られ、魯山人の星岡茶寮の経営顧問に招かれている。また、藤原暁雲・小林逸翁・松永耳庵らと交わり、地元の工芸家を指導して金沢の工芸発展にも貢献した。

堀越梅子（ほりこし・うめこ）

明治二十五年～昭和五十三年（一八九二～一九七八）。裏千家の茶人。東京生まれ。松方正義の五女。茶名は宗圓。女子学習院に学び、明治四十五年（一九一二）に実業家・堀越角次郎と結婚。日本画・竹細工・長唄に長じ、茶の湯は裏千家・田中宗卜門で奥義を極め、のちに女性としてはじめて今日庵老分となった。益田鈍翁・高橋箒庵・畠山即翁と親交し、自ら「蕾会」を主宰して婦女を指導した。

【ま行】

正木直彦（まさき・なおひこ）

文久二年～昭和十五年（一八六二～一九四〇）。教育家。正木林作の三男として生まれた。幼名・政吉。十三松堂・如々庵と号した。東京帝国大学卒業後、教育行政に当たったが、東京美術学校長・帝国美術院長・文部省行政顧問となり、美術教育と行政に生涯を捧げ、文展の創設に尽した。茶の湯は不白流の辻宗謙に学んだ。昭和十二年（一九三七）、『回顧七十年』『十三松堂閑話録』を出版。昭和十五年には収蔵品の中から百七十点を選び、自ら解説を付して『十三松堂観摩録』を刊行。また『茶道全集』全十五巻発刊の顧問をつとめ、その間の事情をも記した

『十三松堂日記』は、明治から昭和初期の茶道史料として貴重。

益田智信（ますだ・とものぶ）

明治三十九年〜？（一九〇六〜？）。鈍翁の長男・太郎の四男。英国・リーズ大学卒。三井物産、三井産業に勤務。

益田倭子（ますだ・しずこ）

明治四十一年〜平成十八年（一九〇八〜二〇〇六）。聖心女子学院卒。三井守之助の三女。益田智信の妻。

益田孝（ますだ・たかし）

嘉永元年〜昭和十三年（一八四八〜一九三八）。実業家、数寄者。佐渡奉行所役人鷹之助の長男として佐渡相川に生まれた。幼名・徳之進、鈍翁のほか、観濤・雲外・宗利と号した。文久三年（一八六三）、池田筑後守の渡欧に際し、父とともに随行。維新後、横浜で貿易商を営み、三井物産と合流、三井財閥を大成するなど、明治・大正の財界に重きをなして男爵を賜わった。弟・非黙（克徳）の影響を受けて美術品・茶道具の収集をはじめた。茶の湯は諸流を学んだ自己流で、品川御殿山の本邸・碧雲台でもっぱら茶会を催した。中でも明治二十九年（一八九六）に創始した大師会は、今日におよんでおり、そのほか、和敬会・光悦会の発足にも力を尽した。また二人の弟、非黙（克徳／一八五二〜一九〇三）・紅艶（英作／一八六五〜一九二一）ともども数寄者三兄弟として評判が高かった。晩年は小田原の別邸・掃雲台に隠棲して茶三昧にふける。

松田権六（まつだ・ごんろく）

明治二十九年〜昭和六十一年（一八九六〜一九八六）。漆芸家。石川県金沢市生まれ。東京美術学校（現・東京藝術大学）卒。六角紫水に師事し、正木直彦の指導を受けた。昭和三十年（一九五五）に蒔絵で重要無形文化財保持者（人間国宝）に認定され、同五十一年（一九七六）には文化勲章を受章。

松永安左ヱ門（まつなが・やすざえもん）

明治八年〜昭和四十六年（一八七五〜一九七一）。実業家、数寄者。長崎県壱岐の素封家・松永安左ヱ門の長男。幼名・亀之助、のち安左ヱ門、耳庵のほか一州とも号した。慶應義塾に学び、卒業後福澤桃介（諭吉の女婿）と福松商会を神戸に創立、次いで九州水力電気や東都電力などを創業して電力界の王となった。その後、一時隠退したが、七十歳を越えた戦後、電気事業再編成審議会会長に選ばれて活動を再開した。茶道に入ったのは六十歳になってからで「茶道は生活であり、実践である」を信条として、入門三年後の昭和十三年（一九三八）に『茶道三年』を著した。茶碗「有楽井戸」を入手してから埼玉県柳瀬村（所沢市）に山荘を営み、久木庵・春草廬・耳庵を建てて、独自の茶を楽しんだ。晩年は小田原邸にあった。『茶道春秋』『桑楡録』『淡々録』『わが茶日夕』など、多くの随筆を刊行した。

三井松籟（みつい・しょうらい）
嘉永二年〜大正八年（一八四九〜一九一九）。実業家。南三井家八代。三井高福の五男として京都に生まれる。名は高弘、通称八郎次郎、維石・如竹・松風庵・宗光なども号した。第一国立銀行・三井鉱山・三井物産の代表。表千家十二代・惺斎に茶の湯を学び、「和敬会」設立に参与した。光悦会の初代会長。

三井高大（みつい・たかひろ）
明治四十一年〜昭和四十四年（一九〇八〜六九）。実業家。三井室町家十二代。東京生まれ。東京帝国大学を卒業後、三井鉱山に入社。のち、三井化学工業・三井物産の監査役を就任。小柴庵・宗高と号す。茶の湯は遠州流・小堀宗明に学んだ。戦後、箱根で旅館「松の茶屋」を営む。

三井鋹子（みつい・としこ）
明治三十四年〜昭和五十一年（一九〇一〜七六）。三井北家十一代・八郎右衛門の妻。福井生まれ。女子学習院を卒業後、大正九年（一九二〇）に結婚。四男一女をもうける。雪香・玉香と号す。

三井八郎右衛門（みつい・はちろうえもん）
明治二十八年〜平成四年（一八九五〜一九九二）。実業家。三井北家十一代。東京生まれ。京都帝国大学卒業後、日本銀行に勤務。のち、三井合名会社社長。名は高公で、昭和三十年（一九五五）に通称の八郎右衛門を本名とする。茶の湯は表千家に学び、文斎・宗靖・宗恪・前後軒と号す。

三井守之助（みつい・もりのすけ）
明治八年〜昭和二十一年（一八七五〜一九四六）。実業家、数寄者。永坂町三井家八代。名は高泰、泰山・宗泰・巍々庵と号した。守之助は通称。芝浦製作所会長・三井銀行取締役。茶の湯は藪内節庵および小堀宗明に学び、自ら茶碗や茶杓などを制作した。

三尾邦三（みつお・くにぞう）
明治二十四年〜昭和四十一年（一八九一〜一九六六）。美術商、政治家。和歌山県生まれ。通称・熊三。春峰と号す。十歳のとき、大阪の美術商・春海商店に入り、のち専務となる。昭和初年に帰郷し、衆議院議員・市議会員をつとめた。昭和十五年（一九四〇）には「南紀美術館」を建設し、和歌山県に寄付。

蓑作造（みの・さくぞう）→**蓑半農軒**（みの・はんのうけん）

蓑半農軒（みの・はんのうけん）
明治四十三年〜平成二十年（一九一〇〜二〇〇八）。美術商。石川県金沢市の米屋の長男として生まれる。本名・進。大正十四年（一九二五）、伊丹信太郎の「大和屋」に奉公にあがり、作造と称した。昭和十一年（一九三六）に独立。戦後「博山堂」を設立。同三十二年（一九八七）に北鎌倉に移住。東京美術商協同組合理事、東京美術倶楽部取締役、光悦会および大師会の世話人、藤原科学財団評議員などを歴任した。

水谷川忠麿（みやがわ・ただまろ）
明治三十五年〜昭和三十六年（一九〇二〜六一）。近衛篤麿の四男として、東京に生まれる。大正七年（一九一八）に春日大社宮司の水谷川忠起の養子となり、華道御門（みかど）流を再興し、家本として生涯にわたり活動。戦前より茶の湯に親しみ、戦中は貴族院議員をつとめるとともに、「陽明文庫」の設立と運営の中心を担う。昭和二十一年（一九四六）に春日大社の宮司となり、同社の月釜会「寿月会」を通して、数多くの茶人と交流した。紫山と号す。

村山武（むらやま・たけし）
昭和九年〜平成十六年（一九三四〜二〇〇四）。東京生まれ。東京都立九段高校卒。日本陶磁協会『陶説』編集部に勤務。同誌編集長、日本陶磁協会賞選考委員、同協会理事をつとめる。日本陶磁史・中国陶磁史・朝鮮陶磁史に関する著書多数。

村山長挙（むらやま・ながたか）
明治二十七年〜昭和五十二年（一八九四〜一九七七）。実業家。朝日新聞社社長。東京生まれ。旧姓・岡部。京都帝国大学を卒業後、村山龍平の長女・藤子と結婚。朝日新聞社の役職を歴任。

村山龍平（むらやま・りゅうへい）
嘉永三年〜昭和八年（一八五〇〜一九三三）。実業家、数寄者。幼名直輔、名は真木太、のち龍平。香雪・玄庵と号した。伊勢田丸の人。明治十二年（一八七九）に朝日新聞を創刊、同十四年（一八八一）に社長となり、幾多の文化福祉事業に貢献、また衆議院議員・貴族院議員を歴任した。茶の湯に親しみ、茶儀を藪内節庵に受け、篠園会会員として茶道界に重きをなした。一方、美術の保護・奨励に尽力し、収集の幅の広さ、内容の高さは諸方の注目を集めた。その収蔵品をもって香雪美術館が開館されている。

森川勘一郎（もりかわ・かんいちろう）
明治二十年〜昭和五十五年（一八八七〜一九八〇）。富農、数寄者。愛知県一宮の人。如春庵と号す。十五歳で尾州久田流の茶を習い、十六歳で本阿弥光悦の「時雨」を、十九歳で同じく「乙御前」を入手した。益田鈍翁・原三溪・高橋箒庵・田中親美らと親交し、佐竹本三十六歌仙絵の切断に立会い、柿本人麻呂を引き当てたのが有名。岡谷惣助、高松定一らと敬和会を組織し、中京の数寄者の中心的存在となった。陶芸・書・画に長じ、中国・日本の古今の美術品を収集、また茶法書・茶会記などにも目を配った。その収集品の一部は昭和四十二・四十三の両年（一九六八・六九）にわたって名古屋市に寄贈され、現在は名古屋市立博物館に収蔵されている。森川勇（一九一六〜？）は勘一郎の三男。

【や行】

八重柏正英（やえがしわ・まさひで）
生没年不詳。小田急電鉄社員。昭和四十二年（一九六七）、同社の取締役に就任。茶花研究家。表千家同門会神奈川県支部長をつとめる。

安田善一（やすだ・ぜんいち）
大正三年〜平成十四年（一九一四〜二〇〇二）。実業家。東京生まれ。昭和十六年（一九四一）、東京大学美術史学科卒。同十七年より十九年（一九四二〜四四）まで新宿駅前に「旅館安田本店」を経営。その後、同二十四年（一九四九）より「ホテルととや」社長となり、ホテルや酒亭などを経営。同四十四年（一九六九）、新宿に京懐石「柿傳」を創業。

柳孝（やなぎ・たかし）
昭和十三年（一九三八）、滋賀県大津市生まれ。京都の美術商「古美術柳」主人。同三十四年（一九五九）、兄・重彦（一九三三〜二〇一八）とともに京都に出て、店舗を開く。同三十六年（一九六一）に独立、新門前に同四十一年（一九六六）に店舗兼住居を建て、同四十三年（一九六八）に新しく店舗を構える。その後、京都美術倶楽部の専務取締役をつとめる。平成十二年（二〇〇〇）、ニューヨークに支店「古今」を開店。

山縣有朋（やまがた・ありとも）
天保九年〜大正十一年（一八三八〜一九二二）。長州藩士、陸軍軍人、政治家。椿山・古稀庵と号す。築庭に長じ、東京に椿山荘、京都に無鄰庵などを造営。愛妾（後妻）の貞子は、益田鈍翁の側室・多喜（紫明庵／一八六八〜一九四二）の実妹。

山下亀三郎（やました・かめさぶろう）
慶応三年〜昭和十九年（一八六七〜一九四四）。実業家。勲一等。山下汽船（現・商船三井）・山下財閥の創業者。

湯木昭二朗（ゆき・しょうじろう）
昭和三年〜平成二十年（一九二八〜二〇〇八）。湯木貞一の長女・照子の婿。東京吉兆社長。

湯木貞一（ゆき・ていいち）
明治三十四年〜平成九年（一九〇一〜九七）。料理人。兵庫県生まれ。生家は中現長という料理屋で、貞一も十六歳から包丁を持ったという。その後、大阪で吉兆を開店し、のちに日本を代表する料亭に育てた。早くから茶道に親しみ、古会記などによって懐石を研究、また懐石道具をはじめ茶道具の収集にも意を用いた。その収集品は大阪の湯木美術館に収蔵されている。昭和六十三年（一九八八）、料理界ではじめての文化功労者となった。

湯木照子（ゆき・てるこ）
昭和六年（一九三一）生まれ。湯木貞一の長女。東京吉兆の女将。

湯木敏夫（ゆき・としお）
昭和九年〜平成二十七年（一九三四〜二〇一五）。本吉兆会長・湯木美術館理事長。湯木貞一の長男。

横井鎮（よこい・しず）
明治二十八年〜昭和四十九年（一八九六〜一九七四）。横井半三郎の妻。旧姓・別府。東京女学館を卒業後、大正三年（一九一四）、半三郎に嫁ぎ、一男四女をもうける。

横井半三郎（よこい・はんざぶろう）
明治十六年〜昭和二十年（一八八三〜一九四五）。実業家。愛知県東春日井郡下原村（現・春日井市）生まれ。明治三十八年（一九〇五）に東京高等商業学校（現・一橋大学）を卒業後、三井物産に入社。のち王子製紙参与。益田鈍翁に私淑し、茶会記や古陶の研究に尽力。夜雨・飯後庵と号す。昭和初年、鈍翁の別邸「掃雲台」がある小田原に別邸を築いた。鈍翁の没後、「掃雲台」の管理を任され、『大茶人 益田鈍翁』の編纂に携わる。

横山雲泉（よこやま・うんせん）
明治十一年〜昭和十八年（一八七八〜一九四三）。名古屋の美術商。岐阜市中竹屋町の横山三樹太郎の次男。名は龍治、通名は守雄、別号に蝦蟇窟・茶狂庵・三郎庵がある。兄・保太郎（号・閑雲）と協力して岐阜で書画・骨董商を開業。二十八歳の時、名古屋に進出して独立。益田鈍翁の寵遇を受け、また松永耳庵、原三溪とも親交、東西の大入札会において合名会社横山商店として札元をつとめた。三溪より「大雷」の二大字、鈍翁より「大雷法師」の一行を贈られた。

吉田吉之助（よしだ・きちのすけ）
明治三十年〜昭和四十九年（一八九七〜一九七四）。東京の美術商「水戸幸商会（京橋水戸幸）」二代目。五郎三郎の末弟（六男）。大正十一年（一九二二）、水戸幸商店を兄・五郎三郎より継承し、水戸幸商会と改称する。

吉田清（よしだ・きよし）
昭和三年〜平成十八年（一九二八〜二〇〇六）。東京の美術商「赤坂水戸幸」四代目。中村一雄の末弟（四男）。昭和十四年（一九三九）、赤坂水戸幸に入店し、のちに三代目の養子となる。若年より松永耳庵をはじめ多くの数寄者と交わり、多数の古美術の鑑定にも携わった。のち東京美術倶楽部社長をつとめた。

吉田孝太郎（よしだ・こうたろう）
明治四十三年〜平成二十年（一九一〇〜二〇〇八）。東京の美術商「赤坂水戸幸」三代目。二代の長兄・幸七の長男。昭和七年（一九三二）、養子に入り、三代目を継ぐ。

吉田幸之助（よしだ・こうのすけ）
大正十三年〜昭和四十八年（一九二四〜七三）。東京の美術商「水戸幸商会」三代目。

吉田五郎三郎（よしだ・ごろうさぶろう）
明治二十一年〜昭和七年（一八八八〜一九三二）。東京の美術商「赤坂水戸幸」二代目。東京生まれ。梅露と号した。大正十一年（一九二二）、父・吉田幸助（一八五〇〜一九二〇）が創業した「水戸幸商店」を末弟の吉之助（水戸吉）に譲り、東京・赤坂で赤坂水戸幸を営み、高橋箒庵・八田円斎らと茶の湯の交わりをもった。

吉田誠之助（よしだ・せいのすけ）
昭和十九年（一九四四）、吉田幸之助の長男として生まれる。東京の美術商「水戸幸商会」四代目。早稲田大学商学部卒。昭和四十八年（一九七三）、代表取締役に就任。東京美術倶楽部副社長、東京美術商協同組合副理事長をつとめる。

吉田富子（よしだ・とみこ）
明治二十五年〜昭和六十二年（一八九二〜一九八七）。東京の美術商「赤坂水戸幸」二代・五郎三郎の妻。旧姓・筒井。山下亀三郎の養女になってから嫁いだという。

吉田梅露（よしだ・ばいろ）→**吉田五郎三郎**（よしだ・ごろうさぶろう）

吉田露香（よしだ・ろこう）→**吉田富子**（よしだ・とみこ）

吉水孝蓮（よしみず・こうれん）
生没年不詳。平凡社の編集者。表千家不白流の直門。

【わ行】

鷲尾隆輝（わしお・りゅうき）
大正八年〜平成十六年（一九一九〜二〇〇四）。大僧正。滋賀県・石山寺に生まれる。昭和十六年（一九四一）、石山寺塔頭・宝性院住職。同四十二年（一九六七）、石山寺座主。同四十九年（一九七四）、京都・総本山教王護国寺（東寺）第二五五世長者（東寺真言宗第一世管長）となる。

和田英作（わだ・えいさく）
明治七年〜昭和三十四年（一八七四〜一九五九）。洋画家・教育者。鹿児島生まれ。東京美術学校校長（一九三二〜三六）。文化勲章受章者、文化功労者。

渡辺喜三郎（わたなべ・きさぶろう）
明治二年〜昭和十八年（一八六九〜一九四三）。塗師。東京生まれ。代々喜三郎を名乗った渡辺家の五代目（二代・喜三郎）。本名・房次郎。日本橋箱崎町に住したことから「箱崎の喜三郎」と称された。その作品は懐石用の膳椀類や盆・盃など多様で、極めて薄い作りが特徴。三代・喜三郎（一九一〇〜八六）は、二代・喜三郎の甥にあたる。

復刻によせて　〜父、二代・池田瓢阿の人生〜

二代・瓢阿（本名・英之助）は、大正三年（一九一四）に大阪市の北区・道修町《どしょうまち》に生まれ、須磨（兵庫県神戸市）や佃島（大阪市西淀川区）などで幼少期を過ごしました。大阪は武家や権力におもねらぬ町人文化の街。英之助の生涯を貫いていた反骨精神と情にほだされやすい性格はこの幼少期に育まれたのではないでしょうか。父の晩年に、連れ立って大阪を訪れた折に、高麗橋にある老舗の鰻屋「柴藤《しばとう》」で、名物の「間蒸《まむ》し（鰻丼）」を味わいながら昔話をする姿に、それまで江戸・東京の文化が浸みこんだ人だとばかり思っていた父の、故郷に対する思いの深さや、大阪育ちの父母に対する愛情を感じ取ったことが、私には今更のように思い出されるのです。

しかし、英之助が旧制中学に通い始めた頃、証券新聞を創設し投資顧問をしていた英之助の父親、善太郎（のちの初代・瓢阿）の仕事の関係で、池田家は家族ともども慣れ親しんだ大阪を離れ、東京・赤坂氷川町に移り住むことになります。とはいえ、全国から人や物が集まり、生き馬の目を抜くといわれた東京での生活は、若い英之助の眼にはむしろ新鮮なものとして肯定的に映り、新しい環境に馴染むのには時間はいらなかったようです。青年期には同郷の佐伯祐三に憧れて、洋画家を目指すようになります。

一方で、昭和四年（一九二九）、証券界を離れた英之助の父・善太郎は、長年の夢であった趣味を生かした暮らしを叶えようと、清元の稽古を通じた知人の茶道具商・吉田五郎三郎さんに相談し、紹介された益田鈍翁さんから籠制作の技を認められたことを契機に「瓢阿」の号を頂き、信頼を得ることに成功します。しかし、志しなかばの同八年（一九三三）、善太郎は急逝。こうして、英之助が一家の屋台骨を支えるために画家になることをあきらめ、父の跡を継いで籠師となったのは、弱冠十九歳の時でした。

瓢阿の名跡を継ぐ許しを請うために益田鈍翁と面会し、翁に知遇されるようになった英之助は、その指導の下、籠師として茶の湯・風流の世界に身を置くこととなります。さらに、鈍翁の職方としての立場は、会いたいと願っても叶わぬ政界や財界の貴顕、あるいは骨董界の重鎮から、依頼された仕事をまかされるだけでなく、直接話をする機会に恵まれるという充実した日々を英之助に与えました。ただ、こうした重要人物に会う時にも英之助は父親譲りの反骨精神ゆえか、小説家志望であった母親の影響か、彼我の立場を越えての人物観察を怠らなかったのは、本書を読んでも明らかです。しかし、この幸せな境遇は長くは続きませんでした。二十九歳の時には徴兵を逃れられず、妻子を残して中国の戦線へと向かわねばならなかったからです。そして、満州を転戦し、戦争末期には左足・膝下部を失うという悲劇にも遭遇しました。麻酔なしの手術であったといいます。

戦中・戦後と、波乱の十年を満州で過ごし、傷病兵として帰還した英之助を待っていたのは、空襲で住居を失った家族との貧しい暮らしでした。それでも反骨精神が幸いしたのか、徒手空拳の自由が性に合っていたのか、戦後生まれの私の記憶に残る父の姿には微塵の暗さもありませんでした。むしろ風流を好み、お洒落が好きで、体の不自由を感じさせない姿勢が印象的だったといえましょう。やがて、我が国が戦後の混乱期を乗り越え、経済が安定してくると、周囲の方々に助けられながら、父の籠師としての仕事も軌道に乗るようになります。黒田陶苑さんや三越百貨店さんからお誘いのあった展示会への出品や、新たにはじめた竹芸教室を軸に本書に見るような茶の湯・風流を通じての交際の範囲を広げていったのです。

さて、本書に現れる紳士群像を見ると、近衛文麿さん・益田鈍翁さん・團琢磨さんといった戦前の歴史を動かした人たちから、畠山一清さん・松永耳庵さんや吉田吉之助さんなど戦中・戦後と瓢阿家がお世話になった人たち、また戦後から交友のはじまった荒川豊蔵さんや北村謹次郎さん。そして、年齢を超えて切磋琢磨した小森松菴さんなど、表題にあるだけで二十四名の方が名を連ねておいでです。また、巻末に揚げた登場人物の略歴をご覧頂ければお分かりのように、本書に名を連ねる著名人の数は百数十名にもなります。その中には、私も直接関わりを頂いた方も多くおられて、頁をめくるたびに、懐かしく感じます。例を挙げさせて頂ければ、まず細川護貞さんがいらっしゃいます。細川さんは現代では絶滅したかとも思われる、紳士の手本のような方で、ゴルフの名手でもありました。そして、飯田十基さん。飯田さんは独特の口調で話される昔話が面白く、人懐っこい愛煙家であったと記憶しています。それから、痩せた鶴のような風貌の小森松菴さんは、眼光鋭く孤高の剣客のように見えますが、意外なことにクラッシク音楽がお好きで、ロマンチストな老人として子供時代の私の眼には映っていました。その一方で、まだ私が幼かったがために、お目に掛かれなかった方もおられます。松永耳庵さんや高原杓庵さんなどには、本書を読み返すたびに、もう少し早く生まれて直接お話を伺いたかったのにと、非常に残念でなりません。また、水戸幸商会の主人・吉田吉之助さんのように、私はお目に掛かる機会がなかったのにも関わらず、父や兄（巖）の会話から、まるで知人のように思われる方も何人かいらっしゃるのは、籠師という職業にも関わらず、長年にわたり執筆活動を重ねてきた父の人物観察と表現能力のなせる技なのでしょう。

最後に、本書にはその名がなくとも、父と親しくお付き合いして頂いたお二方について、私から一言ふれさせて頂きたいと思います。

お一人目は、先年亡くなられた陶磁器研究家でお数寄者でもあった林屋晴三（一九二八〜二〇一七）先生です。先生には親子ともどもお教えを受け、またお叱りも頂きました。怖い先生でしたが、心の中は優しい方であり、ここぞという場面ではよく助けて頂きました。それから、裏千家今日庵的傳名誉教授で養和会主宰の塩月弥栄子（宗芯／一九一八〜二〇一五）先生。竹芸教室のお弟子さんでもありましたが、父を気に入り、いろいろな方面で重要な立場におられる方々を紹介して下さいました。私も、東京・広尾のお宅に何度か伺い、父の代稽古で茶杓削りのご指導や、先生好みの巨大な花籠造りのお手伝いをさせて頂いたことも懐かしい思い出となっています。

さて、今年(令和元年)は、父・二代池田瓢阿の十七回忌の年にあたります。この年に、長年お世話になりました淡交社さんから、昭和六十二年（一九八七）に上梓された父の著書『風流紳士録』復刻のお話を頂きましたことは、誠に有難いことと思っております。

しかしながら、本書を何度か読み返しているうちに、三十二年前に出版された当時の内容のままで、今の世に受け入れられるだろうかという心配も同時に私の心を過《よ》ぎりました。そこで、本文の内容が違ったものにならないよう出来る限り手を加えないということを前提としつつも、時代にそぐわないと判断した部分や史実と異なる部分に若干の修正を加えさせて頂くことにいたしました。もちろん、本書の魅力である、古き良き時代に紡がれた風流物語を壊すことがないようにと、気を配りながらの作業となりましたことを書き添えたいと思います。そしてまた、いろいろな方からご教示頂きながら、わかる範囲で登場人物の略歴を入れ、さらに往時の写真の頁を新たに加え、読者の方々の知識となるようにも配慮させて頂きました。

こうして、新たな装いとなった『風流紳士録』を手にして下さいました読者の皆様には、この本を通して、籠師として、また茶の湯・骨董趣味の風流人として生きた亡き父の姿を思い出し、あるいは知って頂くとともに、近代、そして戦後を彩りながら、時代とともに忘れ去られようとしている紳士（淑女）の世界、風流人の世界に遊んで頂ければ幸いです。

なお、本書の復刻にあたり、企画をして頂いた淡交社さま、ならびに惜しみないご助力を頂いた編集局の河村尚子さんに、この場をお借りして感謝を申し上げたいと思います。

令和元年八月

三代・池田瓢阿

池田瓢阿（いけだ・ひょうあ）

大正3年～平成15年（1914～2003）。大阪生まれ、東京育ち。本名・英之助。油絵画家を志望して川端画塾に通っていたが、父・初代瓢阿の急逝により、昭和8年（1933）、19歳で瓢阿の跡目を継ぐ。襲名の許しを得るために、益田鈍翁を訪ね「若さを無駄にせず勉強せよ。我が家の蔵の物は自由に見て研究すべし。また、茶友の所有する名籠を見られるように計らうから写してみよ。古来の名品の模写こそ最上の勉強ならん」と励まされ、鈍翁が亡くなるまで指導を受けた。同14年（1939）に結婚するが、同18年（1943）に戦地に召集され、地雷で片足を失う。戦後は井の頭牟礼にあった赤坂水戸幸の別荘に寄寓し、同25年（1950）に井の頭公園の駅前に居を構えた。同28年（1953）に竹芸教室「竹樂会」を創立。絵画や陶芸も楽しみ、生涯20冊ほどの著書共著を残す。平成5年（1993）、次男・潔に代を譲り、以後「瓢翁」と名乗り余生を楽しむ。享年89歳。

おもな単独著書

竹の手芸（1968年　婦人画報社）
瑞籬の香木―几楽亭古美術随想集（1976年　求龍堂）
竹芸遍歴―茶杓・花入・籠（1980年　淡交社）
風流遍歴（1981年　求龍堂）
奉天の玳皮盞（1982年　里文出版）
茶道具の愉しみ―茶があるということ（1985年　主婦の友社）
風流紳士録（1987年　淡交社）
利休そして織部―ゆかりの茶道具に思う（1989年　主婦の友社）
茶会の顚末―小林白甫茶湯日記（1989年　淡交社）
骨董巷談　全6巻（1992年～2002年　里文出版）

装幀　鈴木正道（suzuki design）

もう一度読みたい
風流紳士録　籠師が見た昭和の粋人たち

2019年9月14日　初版発行

著　者　　池田瓢阿
発行者　　納屋嘉人
発行所　　株式会社 淡交社
本社　〒603-8588 京都市北区堀川通鞍馬口上ル
営業 Tel.075-432-5151　編集 Tel.075-432-5161
支社　〒162-0061 東京都新宿区市谷柳町39-1
営業 Tel.03-5269-7941　編集 Tel.03-5269-1691
www.tankosha.co.jp
印刷・製本　株式会社 ムーブ

ISBN978-4-473- 04328-3